ullstein

Das Buch

Der Mann ist die Krone der Schöpfung, wenn auch mit kleinen Makeln. Nach ihrem bahnbrechenden Standardwerk *Männerkrankheiten* kehrt Hanna Dietz zu ihrem liebsten Studienobjekt zurück – und deckt eine Menge neuer, bisher unerkannter Leiden unserer wahren Helden auf. Digitale Degeneration, Akute Haushaltserschöpfung und der Nachwürzreflex, der Männer noch vor dem ersten Bissen zum Salzstreuer greifen lässt. Eine der perfideren Macken ist der Beiläufige Imperativ, mit dem Männer Befehle tarnen – als Fragen in der Wir-Form: Wollen wir nicht mal wieder Lasagne machen? Und Frauen, die sich schon immer gefragt haben, warum ihre Männer keine Kritik annehmen, finden in diesem Buch auch endlich eine Antwort. Dazu der große Sonderteil *Vätermacken*!
So wahr, so komisch.

Die Autorin

Hanna Dietz, geboren 1969 in Bonn, arbeitet als freie Journalistin für Fernsehen und Hörfunk. Da sie gleich mit zwei Exemplaren der Spezies Mann zusammenlebt, kennt Hanna Dietz sich hervorragend mit jeglicher Form viriler Leiden aus. Ihr Buch *Männerkrankheiten* ist ein Dauerseller.

Von Hanna Dietz sind bei Ullstein im Taschenbuch
bereits erschienen:

 Männerkrankheiten – *Schmutzblindheit, Mitdenkschwäche, Einkaufsdemenz und weitere unheilbare Leiden unserer echten Kerle*
Weiberwahnsinn – *Schuhtick, Handtaschenzwang, Tränendrüsenüberfunktion und weitere Besonderheiten der Spezies Frau*
Lexikon der unnützen Küchengeräte – *Von A wie Ananasschneider bis Z wie Zuckerwattemaschine*

Hanna Dietz

MÄNNER
MACKEN

Neue Krankheiten
unserer wahren Helden
wie Zuhörschwäche,
Lümmeltum und Bierhand

Ullstein

Besuchen Sie uns im Internet:
www.ullstein-taschenbuch.de

Originalausgabe im Ullstein Taschenbuch
1. Auflage November 2014
© Ullstein Buchverlage GmbH, Berlin 2014
Umschlaggestaltung: ZERO Werbeagentur, München
Titelabbildung: © FinePic®, München
Bilder im Innenteil: © Shutterstock
Grafiken im Innenteil: © Norbert Brall
Satz: KompetenzCenter, Mönchengladbach
Gesetzt aus der Fairfield LH light
Papier: Pamo Super von Arctic Paper Mochenwangen GmbH
Druck und Bindearbeiten: GGP Media GmbH, Pößneck
Printed in Germany
ISBN 978-3-548-37561-8

Einleitung

Männer, ihr seid spitze! In einer Studie der Universität von Virginia hatten die Probanden die Wahl, entweder eine Viertelstunde nur untätig herumzusitzen oder sich schmerzhafte Elektroschocks zu verpassen. Und tatsächlich! Zwei Drittel der männlichen Testpersonen nutzte die einmalige Chance, sich selbst mit Stromschlägen zu malträtieren, anstatt einfach nur nichts zu tun. Das ist doch eine Meldung, die uns Frauen wieder einmal zeigt, was wir an euch haben. Denn ihr schafft es immer wieder, uns zum Lachen zu bringen! Abgesehen davon, dass die Studie natürlich ein ganz anderes Ergebnis gebracht hätte, wenn man den Männern statt eines Elektroschockers einen Wischlappen in die Hand gedrückt hätte. Da wären sie schön sitzen geblieben und hätten sich nicht gerührt. Aber egal …

Liebe Männer, ihr seid einfach lustig und ungeheuer liebenswert. Mit euren bizarren kleinen Angewohnheiten, obskuren Verhaltensweisen, wahnwitzigen Ideen, mit euren putzigen Macken und Schrullen. Und deswegen ist es an der Zeit, danke zu sagen.

Danke, liebe Männer, dafür, dass ihr uns in einer Zeit, in der wir meinen, schon alles zu wissen und zu kennen, immer noch in Staunen versetzt und uns jeden Tag die belebende Fähigkeit des Wunderns lehrt. Danke dafür, dass ihr uns dauernd noch bessere Software installiert und euch sogar dreizehnkommasieben Sekunden Zeit nehmt, uns zu demonstrieren, wie pipieinfach die angeblich zu durchschauen ist. Danke, dass ihr uns über die Faszination von Tüpfelhyänen und Nutenfräsen aufklärt und uns beweist, dass man auch überleben kann, wenn man seine wache Zeit ausschließlich vor einem Monitor verbringt.

Und wenn uns Frauen mal wieder der Kopf schwirrt vor lauter endlosen To-do-Listen und wir schnaufend vom Staubwedeln und Silberputzen innehalten, dann wünschen wir uns heimlich, wir wären wie ihr. Schmutzblind. Nicht verantwortlich. Entspannt.

Andererseits ... Wenn wir so wären wie ihr – wer würde uns dann zum Lachen bringen?

Ahnungslosigkeitsmotzeritis, die

Die Ahnunglosigkeitsmotzeritis gilt als Paradedisziplin einiger Männer. Der Betroffene überschüttet dabei seine Partnerin mit Vorwürfen, ohne auch nur die geringste Ahnung davon zu haben, was zu Hause eigentlich abgeht. Kaum von der Arbeit heimgekommen, fängt er schon an, sich über Dinge zu beschweren, die aus einem bestimmten Grund aber nun mal so sein *müssen*. Wäre er selbst zu Hause gewesen, wüsste er, dass die Müllsäcke, die den Flur blockieren, für die morgige Altkleidersammlung bestimmt sind, und dass es nur deswegen kein Wiener Schnitzel zum Abendessen gibt, weil es beim Metzger heute kein Kalbfleisch gab, dass seine Hemden nicht gebügelt sind, weil das Bügeleisen überraschend den Geist aufgegeben hat und dass der Eimer im Badezimmer steht, weil der Klempner nicht wie verabredet gekommen ist, um den Wasserhahn zu reparieren. All das weiß er aber leider nicht und meckert, was das Zeug hält, was seine Partnerin unter enormen Rechtfertigungsdruck setzt – und ihre Laune nicht gerade steigert.

Ein weiteres Symptom der Ahnungslosigkeitsmotzeritis ist das notorische Verteilen von ungebetenen Ratschlägen und Weisheiten zu Problemen, die die Partnerin exakt auf die vorgeschlagene Weise bereits zu lösen versucht hat. Die Ahnungslosigkeitsmotzeritis tritt besonders häufig bei

Männern auf, die in ihrem Job massiven Ellenbogen-Einsatz erbringen. So aufgeputscht hat der Mann das Gefühl, auch zu Hause noch den Chef heraushängen lassen zu müssen.

Akute Haushaltserschöpfung, die

Die Akute Haushaltserschöpfung tritt ein, sobald der Mann tatsächlich einmal mit angepackt und zum Beispiel das Wohnzimmer eigenhändig staubgesaugt hat. Dabei stellt der Mann häufig fest, dass die ganze Sache viel länger dauert als erwartet, unter Umständen auch schweißtreibend und definitiv extrem lästig ist. Was den Betroffenen total erstaunt, wo die Hausarbeit doch immer so leicht aussieht. Wenn *seine Partnerin* sie erledigt.

Die unvermutete Anstrengung erschöpft den Betroffenen jedenfalls so kolossal, dass er sich fühlt wie nach einem kompletten Frühjahrsputz. Darum belohnt er sich nach seinem Kurzeinsatz – ungeachtet weiterer dringend zu erledigender Hausarbeiten – erst einmal mit einem Nickerchen oder einer Runde PlayStation.

Seine wertvolle Erfahrung über die Mühen der Hausarbeit nimmt er aber nicht etwa zum Anlass, um seiner Partnerin mehr unter die Arme zu greifen, sondern als Argument dafür, dass Frauen für die Hausarbeit von Natur aus viel besser geeignet sind. Besonders stark ist die Akute Haushaltserschöpfung ausgeprägt, wenn Kinder mit von der Partie sind. Dann stellt sich häufig beim Betroffenen zusätzlich die *Allgemeine Erziehungserschöpfung* (→ Sonderteil *Vätermacken*) ein.

Partnerinnen sollten nicht den Fehler machen, ihm seine Erschöpfungszustände dauerhaft durchgehen zu lassen und die restlichen Arbeiten »mal eben schnell« selbst zu erledigen. Denn bekanntermaßen hilft gegen hausarbeitsbedingte Erschöpfungszustände nur eines: Training, Training, Training!

Allgemeine Unternehmungsschwäche, die

Ein Mann, der unter Allgemeiner Unternehmungsschwäche leidet, ist nur sehr schwer zu außerhäuslichen Freizeitaktivitäten zu bewegen. Auf Vorschläge zum Besuch einer Kulturveranstaltung, zu einem Spaziergang, Picknick oder Stadtbummel, zum Treffen mit Freunden oder einem Restaurantbesuch reagiert er skeptisch bis ablehnend. Bei einer leichten Form von Unternehmungsschwäche signalisiert der Partner zwar grundsätzliches Interesse, weigert sich aber entweder, eine konkrete Terminvereinbarung einzugehen, oder verschiebt die Unternehmung auf einen Tag in der Zukunft. Sobald der Tag der Verabredung angebrochen ist, wird er überraschenderweise eine Ausrede finden, warum es ihm ausgerechnet heute unmöglich ist, auszugehen.

Einen alarmierenden Zustand hat die Unternehmungsschwäche erreicht, wenn der Betroffene selbst Unternehmungen, die in den eigenen vier Wänden stattfinden könnten, ablehnt. Ursache für die Allgemeine Unternehmungsschwäche ist eine ungeklärte Abneigung gegen Neues und Unbekanntes. Manchmal auch reine Faulheit.

Sicheres Anzeichen für schwere Unternehmungsschwäche

Sie: »Sollen wir uns nicht mal eine Wii kaufen?«

Er: »Gute Idee.«

Sie: »Klasse. Dann können wir endlich im Wohnzimmer kegeln!«

Er: » Muss man dafür etwa vom Sofa aufstehen?«

Sie: »Äh … Ja, klar.«

Er: »Hey, ich weiß was Besseres! Wir kaufen uns einen neuen Blu-ray-Player!«

Arbeitsspezifischer Lotoseffekt, der

Auch genannt *Der Teflonmann*.

Beim Arbeitsspezifischen Lotoseffekt perlen alle Arbeiten und Verantwortungen am Mann ab wie Wassertropfen an Lotosblättern. Soweit, so bekannt, fällt diese Männermacke unter die große, vielfältige und sehe weitverzweigte Kategorie der Arbeitsvermeidungsstrategien.

Das Neue und sehr Perfide am Arbeitsspezifischen Lotoseffekt ist aber, dass sich der Betroffene sogar der Pflichten entledigt, die er anfangs ausdrücklich für sich reklamiert hat: ob die Pflege des Aquariums (»Wenn wir eins kaufen, kümmere ich mich natürlich darum!«), das Anlegen eines Gemüsebeets (»Alles mein Job!«), die Autopflege (»Ehrensache!«) oder das Fahren des Sohnes zum Fußball (»Selbstverständlich übernehme ich das!«). Sobald der Mann merkt, dass das Erledigen dieser Jobs Aufwand und Mühe kostet, schwindet seine Begeisterung für eben jene. Genau wie sein Erinnerungsvermögen an seine Versprechungen.

An dieser Stelle kommt es zu einem sogenannten schrittweisen Arbeitsabbau: Wo keine Fristen für die Verrichtung anstehen, wie bei der Garten- oder Tiergehegepflege, wird der Betroffene einfach seine Aufgaben schleifen und Unkraut und Algen wuchern lassen. Bei anderen Aufgaben, die zu einem festgelegten Zeitpunkt erledigt werden müssen, wird er anfangs terminbedingte Ausreden finden, gelegentlich auch Erschöpfungszustände vorschieben. Später, wenn es zur Regel geworden ist, dass die Partnerin den Sohnemann zum Training oder Wettkampf fährt, verschwindet der Betroffene auch schon mal kommentarlos, wenn die Aufgabe ansteht, oder beschäftigt sich ganz offensichtlich mit anderen Dingen, um zu demonstrieren, dass es aus seiner Sicht nie eine klare Aufgabenzuordnung gegeben hat.

Zu diesem Zeitpunkt kommt es nicht selten vor, dass die Partnerin, entnervt von seiner Anstellerei und den blöden Ausreden, von selbst schon alles allein erledigt. Die Wahrscheinlichkeit, dass ein Mann sich zum Teflonmann entwickelt, ist übrigens umso größer, wenn es sich bei seiner Partnerin um eine sogenannte Magnetfrau handelt, an der immer alles hängenbleibt.

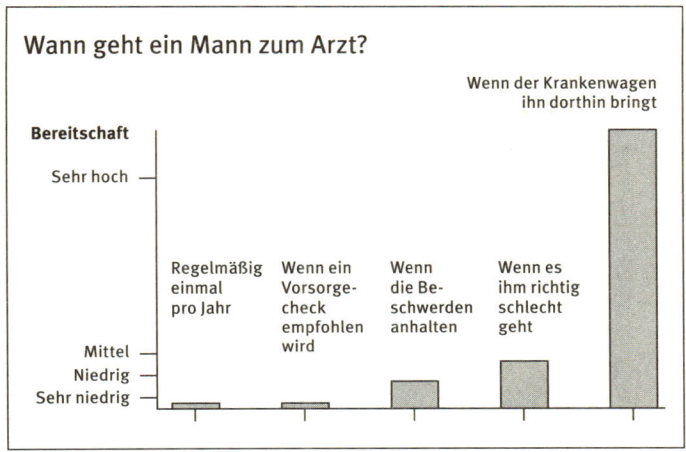

Wann geht ein Mann zum Arzt?

Wenn der Krankenwagen
ihn dorthin bringt

Bereitschaft

Sehr hoch

Regelmäßig einmal pro Jahr

Wenn ein Vorsorge-check empfohlen wird

Wenn die Be-schwerden anhalten

Wenn es ihm richtig schlecht geht

Mittel
Niedrig
Sehr niedrig

Arztvermeidungssucht, die

Die Arztvermeidungssucht ist eine für die meisten Frauen komplett unverständliche Macke, bei der der Betroffene auch im Siechtum nach dem Motto verfährt: Ignorieren ist die beste Medizin. Obwohl er leidet wie ein Hund, weigert er sich, zum Arzt zu gehen. Er ist sich sicher, dass die Symptome wieder verschwinden, wenn er nur lange genug wartet.

Vorsorgeuntersuchungen im Allgemeinen halten Betroffene der Arztvermeidungssucht ohnehin für überflüssig. Ganz besonders, wenn im gleichen Atemzug das Wort »Urologe« vorkommt. Typisch für die Arztvermeidungssucht ist aber auch das eigenmächtige Behandeln von Beschwerden mit frei verkäuflichen Medikamenten, gerne auch in selbstgewählter, wunderlicher Dosierung.

Einerseits ist es natürlich sehr männlich, sich seinem Schmerz zu stellen und nicht wegen jedem Kinkerlitzchen zum Arzt zu rennen. Andererseits könnte die weitverbreitete Arztvermeidungssucht des Mannes eventuell ein Grund dafür sein, dass Frauen statistisch gesehen länger leben.

Aufgabenerledigungsantäuschung, die

Die Aufgabenerledigungsantäuschung ist eine Finte, mit der der Mann seine Frau dazu bringt, etwas zu erledigen, ohne sich selbst der Faulheit verdächtig zu machen. Dabei gibt der Mann für einen Moment vor, eine Aufgabe übernehmen zu wollen, um dann so lange untätig zu verharren, bis seine Frau sie doch selbst erledigt.

Beispiel:

Das Frühstück auf der Terrasse ist beendet. Der Mann sagt zu seiner Partnerin: »Du hast ja aufgedeckt, deswegen räum ich ab.« Die Partnerin freut sich. Um die Sonne noch ein bisschen zu genießen, bleibt sie also gern sitzen. Genau wie der Mann. Der blättert sich in Ruhe durch die Onlineausgabe der Tageszeitung. Ein paar halbstarke Wespen kommen vorbei und besetzen kampfeslustig die abgegessenen Teller. Der Mann schmunzelt über einen Beitrag im Panoramateil. Der Gouda fängt an zu schwitzen. Die Partnerin auch.

Der Mann zeigt ihr auf dem Smartphone den Grund für seine Heiterkeit, ein Foto vom Lama-Nachwuchs im örtlichen Zoo, die Partnerin aber hat nur einen Blick für die lustige Schar schillernder Schmeißfliegen, die gerade anfangen, in großem Stil die Leberwurst zu begatten. Sie wedelt schon mit der Hand über die welkende Wurstplatte und macht vielleicht eine Bemerkung wie: »Die Sachen sollten jetzt wirklich in den Kühlschrank.« Aber der Mann ist noch nicht mit dem Sportteil durch. Und bevor sich die Butter restlos verflüssigt hat und für Salami und Käse nur noch die Mülltonne als Aufbewahrungsort in Frage kommt, springt die Partnerin auf – und räumt den Tisch ab. Wenn sie nach erledigter Aufgabe dann wieder auf die Terrasse kommt, bleibt ihr jeglicher Tadel im Hals stecken, denn der Mann kommentiert ganz locker: »Ich hätte das doch auch gleich gemacht.«

Das mag ja sein. Nur wann?

Autofahrer-Hybris, die

Eine Autofahrer-Hybris lässt sich da diagnostizieren, wo der Mann der felsenfesten Überzeugung ist, dass er allein der beste Autofahrer weit und breit ist und niemand das Lenkrad so gut im Griff hat wie er. Schon überhaupt keine Frau. Und erst recht nicht seine Partnerin.

Wichtiges Merkmal der Autofahrer-Hybris ist auch, dass der Betroffene sämtliche mathematischen Berechnungen zu Bremswegen, Sicherheitsabständen und kurvenbezogenen Fliehkräften für blödsinniges Geschwätz von gottgegebenen Autostümpern wie Frauen und Rentnern oder anderen sicherheitsfixierten Superspießern erklärt, die es einfach nicht draufhaben – im Gegensatz zu ihm. Da die Autofahrer-Hybris eine gängige Erscheinung bei Männern ist, passiert es nicht selten, dass zwei Erkrankte aufeinandertreffen. Je nach Ausprägung der Macke wird dann gerne verbal Gas gegeben und sich mit hanebüchenen Streckenrekorden gebrüstet. Punkte in Flensburg und Aufnahmen aus Radarfallen werden bei diesen Wett-streiten wie Trophäen vorgezeigt.

In ganz schlimmen Fällen kommt es zu idiotischen Wettfahrten, und das nicht nur auf Teststrecken. Heilen kann eine schwere Autofahrer-Hybris in der Regel nur ein Führerscheinentzug oder – noch besser – eine Einladung zur medizinisch-psychologischen Untersuchung, landläufig auch genannt: Idiotentest.

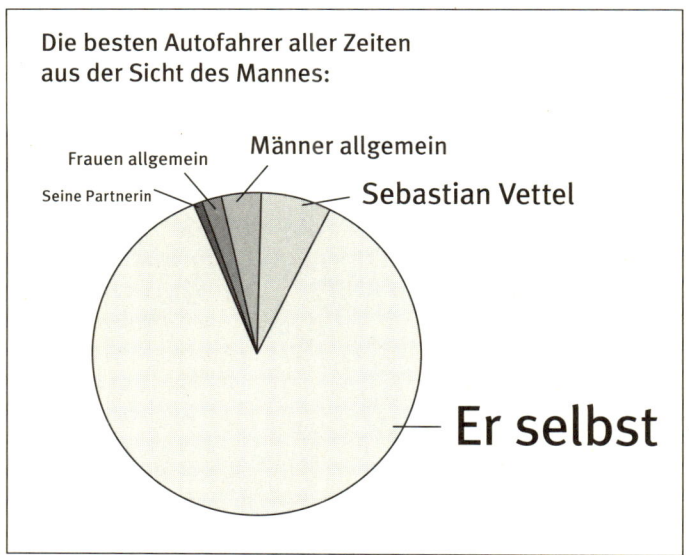

Die besten Autofahrer aller Zeiten
aus der Sicht des Mannes:

Frauen allgemein
Seine Partnerin
Männer allgemein
Sebastian Vettel
Er selbst

Ballmagnetismus, der

Ballmagnetismus ist da zu diagnostizieren, wo jede Art von Ball auf den Mann eine unerklärliche Anziehungs-kraft ausübt, was zur unwillkürlichen Ausholbewegung seines Fußes führt, der dagegen treten *muss*. Ballmagnetismus tritt im weiteren Verlauf der Krankheit auch auf bei Dingen mit ballähnlicher Form wie Fallobst, Tannenzapfen oder leeren Getränkedosen, die unter Hervorrufung eines Heidenlärms die Straße entlanggekickt werden. In extremen Fällen wird der Kickreflex auch ausgelöst durch Gegenstände, die wirklich nur *ganz* entfernt an ein ballähnliches Gebilde erinnern. Kuriert wird der Betroffene dann ganz schnell, wenn er anstatt des erwarteten leeren Behälters einen betongefüllten Eimer vor dem Fuß hat. Aua!

Beifahreraggression, die

Falls der Mann tatsächlich einmal aus einem der unglaublich selten zutreffenden Gründe auf dem Beifahrersitz Platz genommen hat (→ *Beifahrersitzphobie*), heißt das in vielen Fällen noch nicht, dass er sich aus dem Navigationsprozess heraushält. Im Gegenteil: Häufig bewirkt gerade diese ungewohnt passive Situation eine massive Steigerung der Angriffslust des Mannes, die sogenannte Beifahreraggression. Da der Betroffene den anderen Verkehrsteilnehmern nicht mit dem Gaspedal die Meinung sagen kann, lässt er seinen Emotionen anderweitig freien Lauf.

Natürlich bekommt seine navigierende Partnerin davon einen großen Teil ab, aber viel lieber beschimpft der Mann mit Beifahreraggression andere Autofahrer, die seiner Meinung nach ihren Führerschein beim Schnick-Schnack-Schnuck gewonnen haben. Dazu verwendet er nicht selten ein Vokabular, wie es sich sonst nur ein Shitstormer bei Twitter traut. Außerdem nutzt der Betroffene die Gelegenheit, dass er beide Hände frei hat, um mit obszönen Gesten gleich in doppelter Ausführung um sich zu werfen. Häufig kommt es zusätzlich zum sogenannten → *Hupenputsch*, bei dem der Betroffene seiner Partnerin ins Lenkrad greift, um mit der Hupe die anderen Verkehrsteilnehmer zur Räson zu bringen.

Die Beifahreraggression wirkt sich natürlich negativ auf die Partnerin am Steuer aus, die nicht selten entnervt von dem Geschrei und aus Furcht vor Strafanzeigen wegen Beleidigung aufgibt. Denn das Maß an Aggression lässt sich in der Regel nur dadurch deutlich senken, dass die Partnerin dem Mann das Steuer überlässt.

Beifahrersitzphobie, die

Die Beifahrersitzphobie hat den überwiegenden Teil der Männerwelt befallen und äußert sich in einer geradezu manischen Abneigung gegen den Beifahrersitz. Manche Männer werden wie von einem unsichtbaren Magnetfeld von ihm abgestoßen. Ihnen ist es körperlich kaum möglich, sich auf den Beifahrersitz zu setzen. Im Ganzen sind bisher nur drei Gründe bekannt, weswegen der Mann seine Frau ans Steuer lässt. Diese sind:

1. Führerscheinverlust
2. alkoholbedingte Bewusstlosigkeit
3. zwei Gipsarme.

Je nach intellektueller Ausstattung des Mannes versucht der Betroffene seine Beifahrersitzphobie mit mehr oder weniger stichhaltigen Argumenten zu tarnen.

Beispiele:
»Soll ich nicht besser fahren …,
… dann kannst du nebenbei stricken?«
… dann kannst du ruhig auch mal die Augen zumachen?«
… du siehst so hübsch aus auf dem Beifahrersitz?«

Beiläufiges Grabbeln, das

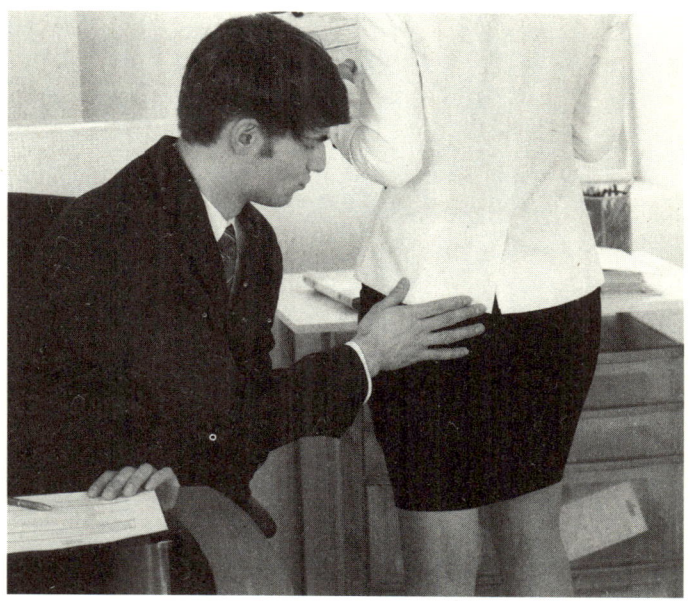

Auch genannt *Po-Grabscher-Syndrom*.

Das Beiläufige Grabbeln bezeichnet die widerliche Angewohnheit mancher Männer, im Vorbeigehen oder im Gedränge wie zufällig mit der Hand an einem Frauenhintern entlangzustreifen. Gezielte Empörung wirkt gegen Beiläufiges Grabbeln in der Regel nur unzureichend, da der Betroffene sich häufig unschuldig gibt und das Grabbeln als »Unfall« abtut. Definitiv gegen diese Macke hilft aber, die eigene Hand akkurat und zügig auf der Wange des Betroffenen zu platzieren.

Beiläufiger Imperativ, der

Der Beiläufige Imperativ ist eine Besonderheit der männlichen Grammatik. Während beim herkömmlichen Imperativ Handlungsaufforderungen in direkter (und damit konfrontativer) Weise gestellt werden, zum Beispiel: »Bring den Müll raus!«, »Heb deine Socken auf!« oder »Hör mir endlich mal zu!«, tarnt der Beiläufige Imperativ seinen Befehlscharakter durch eine Frage in der Wir-Form, zum Beispiel: »Sollen wir nicht mal wieder Lasagne machen?«, »Müssen wir nicht noch den Sperrmüll bestellen?« oder »Haben wir schon neue Gummibärchen gekauft?«.

Diese von vielen Männern gepflegte sozialverträgliche Befehlsform funktioniert bestens. Denn die Partnerin ist zuerst einmal begeistert, dass der Mann mitdenkt und eigene Vorschläge macht. So meint der Mann aber auch mit gutem Gewissen, genug zum Erfolg des Unternehmens beigetragen zu haben, und zieht sich zurück, um seine Vinyl-Sammlung neu zu ordnen oder online die Rülps-Weltmeisterschaft zu verfolgen. Erst im Laufe der Zeit gelingt es der Partnerin, den Beiläufigen Imperativ zu dekodieren und zu erkennen, dass das gefragte »Wir« eigentlich meint: Mach du das mal.

Eine perfide Weiterentwicklung dieser Störung ist, wenn der Mann bei jedem Wir, mit dem er die Frau meint, Gänsefüßchen in der Luft macht. Er stellt damit einen humorvollen Kontext her, in dem er sich selbst und seine Unfähigkeit auf die Schippe nimmt bei gleichzeitiger Anerkennung der hohen Kompetenzen der Partnerin. Womit er aber in der Regel den gewünschten Erfolg erzielt: Die Frau schmunzelt. Und erledigt anschließend die Arbeit.

Besteckkonfusion, die

Bei der Besteckkonfusion weigert sich der Betroffene, Besteck seinem Zweck entsprechend zu verwenden und funktioniert es völlig willkürlich um. Besteckkonfusion ist in der Regel überwiegend bei Löffeln und Messern festzustellen.

Eines der häufigsten Symptome der Besteckkonfusion ist zum Beispiel, seinen Kaffee nicht etwa mit dem Löffel umzurühren, sondern dafür den Messergriff zu nutzen, der nach dem Rühreinsatz sorgfältig abgeleckt wird. Die Klinge des Messers wird im Gegenzug gerne zum Auslöffeln von Marmelade und Schokocreme verwendet und hinterher genauso gründlich abgelutscht. Eine kuriose und nur zuweilen irritierende kleine Macke, die aber durchaus tolerabel ist, solange keine pikierte Verwandtschaft mit am Tisch sitzt, die sich mit bedeutungsvollen Blicken darüber empört, was für einen Proleten man sich denn da an Land gezogen hat. Auch in Anwesenheit von Kindern ist die Macke nicht akzeptabel. Siehe auch → *Manierenspezifische Vorbildsuntauglichkeit* im Sonderteil *Vätermacken*.

Besteckresistenz, die

Eine weitere Krankheit im Zusammenhang mit Essgeräten ist die Besteckresistenz. Dabei versucht der Mann, bei jeder sich bietenden Gelegenheit das Besteck komplett zu ignorieren und das Essen mit bloßen Händen zu packen. In leichten Fällen beschränkt sich die Besteckresistenz auf das Vernachlässigen des Fischbestecks und/oder unhöfliche Symptome wie das Begrapschen der Wurstplatte mit der Hand statt mit der Gabel. Im schlimmeren Fall weigert der Betroffene sich aber generell, mit Besteck zu essen.

Im Anfangsstadium dieser schwereren Verlaufsform kann der Betroffene seine Macke noch tarnen, indem er seine Mahlzeiten aus Nahrungsmitteln zusammenstellt, die von vornherein für den Handverzehr geeignet sind. Burger, Hot Dogs, Pommes, Pizza gehören zu seinen Hauptnahrungsquellen. Besonders gerne verbeißt sich der Besteckresistente auch in gesottene Tierteile mit knöchernem Griff, wie Rippchen, Hähnchenkeulen und Koteletts. Dabei reißt er nicht selten mit den Zähnen das Fleisch so jäh von den Knochen, dass die Knorpelfetzen nur so fliegen. Ein sicheres Anzeichen für ausgeprägte Neandertaler-DNA! Oder für den übermäßigen Konsum von Zeichentricksendungen. Oder einfach beides.

Um den Besteckresistenten zu kurieren, ist eine schrittweise Rückführung zu normalen Tischmanieren nötig. Ähnlich wie bei der Erziehung eines Kleinkinds, kommt in der Besteckresistenz-Therapie dem Löffel eine maßgebliche Rolle zu. Mit seiner einfachen Bedienbarkeit ist er besonders zu Beginn ideal für betroffene Männer! Chili con Carne und andere fleischhaltige Eintöpfe können den Betroffenen zum Benutzen eines Löffels animieren. Im weiteren Verlauf sind die Mahlzeiten in ihrem Schwierigkeitsgrad zu erhöhen. Dabei hat sich die Auslobung eines Sets Steakmesser als Prämie für den richtigen Umgang mit Messer und Gabel als erfolgversprechend herausgestellt. Das Ziel der Therapie ist erreicht, wenn der Mann selbständig ein T-Bone-Steak verspeisen kann, ohne dass der Partnerin der Appetit vergeht.

Beurteilungsallmacht, die

Die Beurteilungsallmacht ist unter Männern weit verbreitet und äußert sich darin, dass Betroffene es für selbstverständlich erachten, Frauen laut und vernehmlich nach ihrem Aussehen zu beurteilen. Solange es sich um positive Beurteilungen in Form von Komplimenten handelt, ist diese männliche Eigenart durchaus akzeptabel.

Doch Befallene der Beurteilungsallmacht nehmen sich eben auch das Recht heraus, Frauen über ihre negative Beurteilung in Kenntnis zu setzen. Entweder direkt – oder indirekt, indem der Betroffene seine Lästerei so laut und deutlich seinen Kumpels mitteilt, dass die Frau es mitbekommen *muss*.

Das Befremdliche an der Beurteilungsallmacht ist dabei, dass das eigene, potentiell haarsträubende Aussehen keine Rolle spielt. Denn Männer mit Beurteilungsallmacht machen sich auch dann über Frauen mit breiter Hüfte, großer Nase und Silberblick lustig, wenn sie selbst aussehen wie eine Kreuzung aus Frankenstein und Homer Simpson.

Um eines klarzustellen: Frauen beurteilen Männer natürlich auch. Aber in der Regel nur leise hinter ihrem Rücken.

Bierhand, die

Die Bierhand bezeichnet eine orthopädische Fehlstellung der oberen Extremität, welche bevorzugt zum Trinken verwendet wird und durch Dauerbeanspruchung zu einem körpereigenen Flaschenhalter mutiert ist. Zu erkennen ist die Bierhand an der griffbereiten, ans Bierflaschenmaß angepassten Fingerhaltung, dem sogenannten Offenen Zangengriff, bei leicht angewinkeltem Ellenbogen. Die Bierhand ist äußerst praktisch beim Grillen, Fußball oder anderen Ausflügen mit den Jungs, weil über Stunden bequem die Bierflasche gehalten werden kann. Außerhalb von Ereignissen, die mit Bierkonsum einhergehen, ist die Bierhand allerdings äußerst unpraktisch. Es sei denn, man hängt eine Einkaufstasche daran.

Bieröffnungsangeberei, die

Bei der Bieröffnungsangeberei vermeidet der Betroffene, Bierflaschen mit einem dafür vorgesehenen Werkzeug (Flaschenöffner) zu öffnen, um mit möglichst unbewegter Miene den Kronkorken mit einem überhaupt nicht dafür vorgesehenen Werkzeug zu entfernen. Bevorzugtes Instrument des Mannes mit Bieröffnungsangeberei ist das Feuerzeug, gefolgt von anderen Bierflaschen und harten Kanten von Tischen, Regalen oder Werkbänken. Bei schwerwiegendem Verlauf der Bieröffnungsangeberei neigt der Betroffene, besonders in Anwesenheit weiblichen Publikums, zu dentistischen Kapriolen, bei denen er den Zahnschmelz seiner Backenzähne opfert, um mit denselben den Kronkorken abzuheben.

Die Schreckensschreie der Anwesenden deutet der Betroffene dabei als Ausdruck der Bewunderung. Jedenfalls so lange, bis er sich ein ernstes Zahnproblem eingehandelt hat. Diese schwere Form der Bieröffnungsangeberei wächst sich dann in der Regel sehr schnell aus. Spätestens nach der ersten Wurzelbehandlung findet der Betroffene das Öffnen von Flaschen mit den Zähnen nicht mehr halb so cool.

Ins Land der Legende (oder in die Klapsmühle) gehören übrigens die sagenumwobenen Männer, die angeblich Bierflaschen mit der Augenhöhle öffnen können.

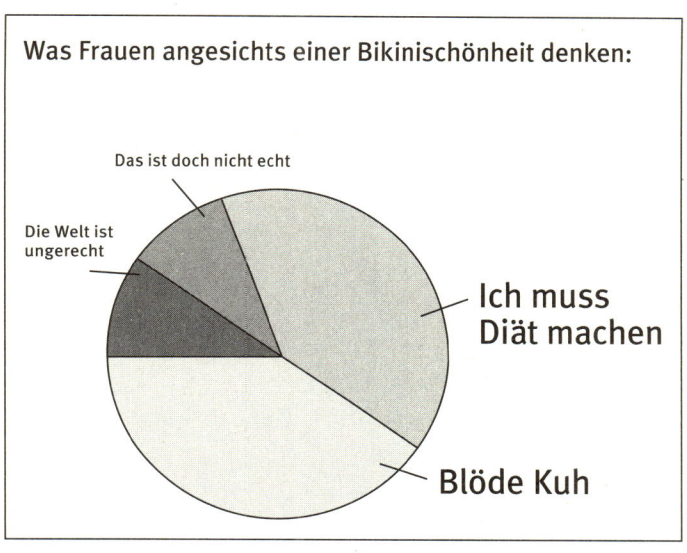

Was Frauen angesichts einer Bikinischönheit denken:

Das ist doch nicht echt

Die Welt ist ungerecht

Ich muss Diät machen

Blöde Kuh

Was Männer angesichts einer Bikinischönheit denken:

Geil!

Brauner Daumen, der

Mit der erbarmungslosen Zuverlässigkeit eines heißen Wüstenwindes zerstört der Mann mit Braunem Daumen jedes pflanzliche Leben im Haus. Geranien vertrocknen, Kakteen ersaufen, Birkenfeigen verlieren Blätter wie bei einem Agent-Orange-Angriff, weil der Betroffene Tageslicht für überflüssig hält und sich weigert, für die Pflanzen die Rollläden hochzuziehen. Schattengewächse werden in die pralle Sonne gestellt, verblühte Orchideen sofort in den Müll geschmissen (»Ich dachte, die wäre tot«). Gedüngt wird niemals. Wenn man ihn bittet, Unkraut zu zupfen, reißt er Zucchinischösslinge und Sonnenblumentriebe aus, weil er sie nicht von Brennnesseln unterscheiden kann. Gegen den Braunen Daumen ist kein Kraut gewachsen, es sei denn, es ist aus Plastik. Formschöne Kunststoffpflanzen sind demzufolge die einzigen Pflanzen, die in der Nähe eines Mannes mit Braunem Daumen eine Überlebenschance haben.

Chinakracher-Syndrom, das

Auch genannt: *Böllerspezifische Hyperaktivität, Knallkörper-Wahnsinn, Silvesterfieber, Trommelfell-Masochismus* und *Pyrotechnisches Rowdytum.*

Unter dem Chinakracher-Syndrom leiden nicht selten schon männliche Kinder ab dem Alter, in dem sie ein Feuerzeug bedienen können. Es bezeichnet die völlig unverständliche, aber äußerst glühende Liebe zu selbst herbeigeführten Explosionen im Zusammenhang mit dem Jahreswechsel. Dabei ist die Vorliebe beschränkt auf Feuerwerkskörper von rein akustischer Wirkung ohne jeglichen optischen Reiz, wie es bei Raketen, Vulkan-Fontänen, Sternenregen oder ähnlichem der Fall ist, die zu gegebenem Anlass und aus gebührendem Abstand häufig auch von Frauen geschätzt werden.

Der Betroffene des Chinakracher-Syndroms aber will nur eines: dass es kracht und donnert, bis die Ohrmuscheln beben, die Trommelfelle scheppern und das Hörvermögen vorübergehend schlappmacht.

Vollends sonderbar wird diese Macke, wenn die körperlichen Lärmschädigungen dem Betroffenen nicht ausreichen, sondern er noch anderweitig seine Gesundheit riskiert. Indem er nämlich versucht, den gezündeten Feuerwerkskörper so lange wie möglich in der Hand zu halten, bevor die Zündschnur gänzlich heruntergebrannt ist. Da Männer ja sehr gerne in Konkurrenz gehen – entweder mit anderen Knallköpfen oder mit ihrer eigenen Restintelligenz –, kommt es hierbei gelegentlich zu wettkampfartigen Situationen, bei denen der gewinnt, der als Letzter den Kracher wegschleudert und dann immer noch alle Finger hat. So schafft es auch ein Sesselpupser, die im Alltag fehlenden Abenteuer an diesem einen letzten Tag im Jahr auszugleichen und sich einmal wie ein Held zu fühlen.

Cineastische Narkolepsie, die

Bei Cineastischer Narkolepsie schläft der Betroffene regelmäßig vor dem Fernseher ein, egal, wie gut der Film ist. Sobald die Zappgeschwindigkeit unter 50 Klicks/min. fällt, werden die Augenlider des Betroffenen bleischwer. Merkwürdigerweise würde der Betroffene der Cineastischen Narkolepsie aber nie zugeben, dass er müde ist, und schon gar nicht freiwillig ins Bett gehen. Da verharrt er lieber so lange auf dem Sofa, bis er eingeschlummert ist.

Eine Ursache für die Cineastische Narkolepsie ist, dass längere Filmsequenzen am Stück die Konzentration des Betroffenen schlichtweg überfordern, so dass er ihnen nicht ohne Ermüdungserscheinungen folgen kann. Eine andere Theorie besagt, dass es der kleine Junge im Mann ist, der sich ein Leben lang grundsätzlich weigert, ins Bett zu gehen, wenn er doch »noch gar nicht müde ist!«.

Cristiano-Ronaldo-Nachäffsyndrom, das

Das Cristiano-Ronaldo-Nachäffsyndrom ist besonders unter jungen Männern weitverbreitet. Dabei versucht der Betroffene, eine größtmögliche optische Ähnlichkeit mit seinem Idol herbeizuführen, was bedeutet: arroganter Blick, gezupfte Augenbrauen, sieben Kilo Gel in die Matte, Ohrringe, Waschbrettbauch (optional).

Demonstrative Inkompetenz, die

Auch genannt *Extra-Doof-Anstellerei.*

Die Demonstrative Inkompetenz bezeichnet die Angewohnheit von Männern, sich bei der Erledigung von Hausarbeiten oder anderen lästigen Dingen absichtlich so dämlich anzustellen, dass die Frau einsieht, dass der Mann überfordert ist und sie es lieber selbst erledigt.

Im Gegensatz zur *Vorgeschobenen Hilflosigkeit* (siehe auch: Dietz, *Männerkrankheiten*, Berlin 2012), bei der der Betroffene ganz auf die Mitleidsschiene setzt, geht der Mann mit Demonstrativer Inkompetenz mit einem deutlichen Maß an Aggressivität zur Sache, die man anfangs noch für Beherztheit hält. In Wahrheit aber offenbart sie einen potentiellen Zerstörungswillen, der die Frau in eine klassische Zwickmühle bringt: Sie muss entscheiden, ob sie es wirklich darauf ankommen lassen will, dass der Mann beim Spülen die Kristallgläser zerdeppert, er beim Aufräumen ihr komplettes System durcheinanderbringt oder beim Spargelschälen alle Stangen zerbricht, oder ob sie ihm die Arbeit nicht doch lieber abnimmt ... Bei der Demonstrativen Inkompetenz ist es übrigens egal, ob der Betroffene die Hausarbeit freiwillig oder auf Druck hin übernommen hat – er schafft es immer, sich wie ein Wüstling mit zwei linken Händen aufzuführen.

Da die Demonstrative Inkompetenz natürlich nur vor Publikum funktioniert, ist es ratsam, sich das Elend einfach nicht anzuschauen und den Raum zu verlassen, um ein paar Atemübungen zu machen. In schweren Fällen von Demonstrativer Inkompetenz wird der Mann allerdings versuchen, seine Partnerin durch Verursachung von alarmierendem Krach auf die dräuende Gefahr aufmerksam zu machen. Hier ist es wichtig, die Ohren auf Durchzug zu schalten. Denn allein auf sich gestellt, kann es tatsächlich passieren, dass der Betroffene plötzlich doch in der Lage ist, die Tätigkeit ohne schwerwiegende Schäden auszuführen.

Die Demonstrative Inkompetenz ist übrigens nicht auf Männer in Partnerschaften beschränkt. Es gibt auch Betroffene, die im außerhäuslichen Bereich wie dem Job, dem Ehrenamt oder der Hobbymannschaft mit Hilfe offenkundigen Tölpeltums versuchen, ihre Untauglichkeit für niedere Arbeiten wie Kaffeekochen oder Büffetorganisation unter Beweis zu stellen. Dadurch wird der Mutterinstinkt und Fürsorgereflex der anwesenden Frauen stimuliert. Dem sollten diese Frauen beizeiten entgegenwirken, indem sie einfach darüber hinwegsehen und die Zuständigkeit für *diesen* Mann rundheraus ablehnen. Oft haben sie ja schon einen zu Hause, um den sie sich kümmern müssen.

Deplatziertes Nachrichteninteresse, das

Das Deplatzierte Nachrichteninteresse ist eine Unterform der *Smartphonitis* (siehe auch: Dietz, *Männerkrankheiten*, Berlin 2012) und bezeichnet das zwanghafte Verfolgen von News aller Art zu den unmöglichsten Gelegenheiten. Besonders häufiger Auslöser für das Deplatzierte Nachrichteninteresse ist dabei ein Restaurantbesuch. Kaum sitzt der Mann am Tisch, muss er schnell im Internet nachschauen, wie das Wetter von morgen wird. Noch vor Erhalt der Speisekarte wird er lesen, wie der BSV Buxtehude gespielt hat, und gerade, wenn man ein Gespräch über den zusammen angesehenen Kinofilm in Gang gebracht hat, will er dringend erfahren, warum in China ein Sack Schwermetalle umgefallen ist.

Auch ein angekündigter dringender Gesprächsbedarf von Seiten der Partnerin kann Auslöser für das Deplatzierte Nachrichteninteresse sein.

Sobald die Partnerin mit ihm über die ehelichen Kommunikationsprobleme reden möchte, verspürt der Betroffene den unwiderstehlichen Drang, die Onlineseite vom *Kicker* aufzusuchen oder den Dax-Verlauf zu checken.

Das Deplatzierte Nachrichteninteresse ist eine der vielen Volkskrankheiten, die im Zuge der digitalen Entwicklung entstanden sind und für die besonders Männer auch noch im fortgeschrittenen Alter empfänglich sind. Siehe auch → *Digitale Degeneration*.

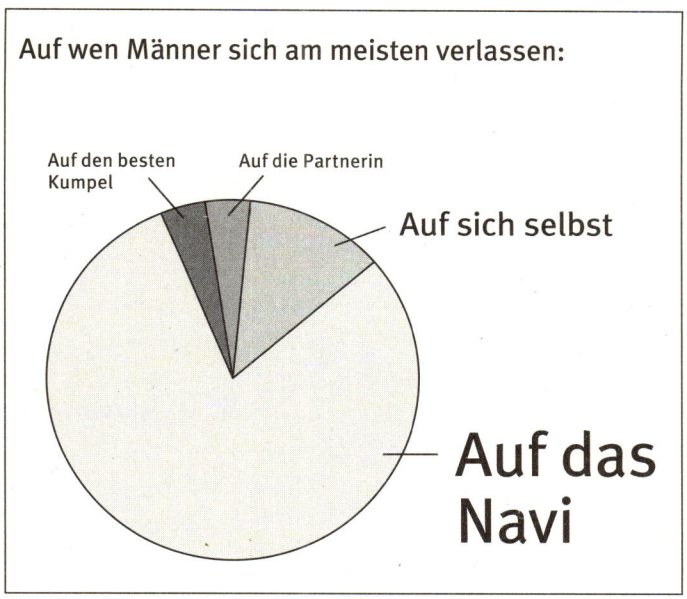

Auf wen Männer sich am meisten verlassen:

Auf den besten Kumpel

Auf die Partnerin

Auf sich selbst

Auf das Navi

Digitale Degeneration, die

Die Digitale Degeneration ist eine durch übermäßigen Konsum von digitalen Geräten verursachte Erscheinung, bei der das eigenständige Denken langsam, aber sicher verkümmert. Insbesondere Navigationsgeräte beschleunigen den Verfall des männlichen Gehirns. Betroffene der Digitalen Degeneration sind bald gar nicht mehr in der Lage, Informationen von Landkarten, Notizzetteln, Kalendern oder anderen Medien aus Papier zu dekodieren. Im Endstadium der Krankheit wissen sie nicht einmal mehr, wie »eine Seite umblättern« bei einem echten Buch funktioniert, weil es dafür keinen Button gibt beziehungsweise es sich einfach nicht »weiterwischen« lässt. Auch mit Straßenschildern können schwer Erkrankte mitunter nichts mehr anfangen, so dass sie stur nach Anweisung des Navis weiter geradeaus fahren, obwohl Schilder groß und deutlich das Ziel auf der rechten Seite anzeigen.

Ab einem gewissen Punkt ist die Digitale Degeneration ein unumkehrbarer Prozess, der zu irreparablen Hirnschäden führt. Deswegen sollten besorgte Partnerinnen frühzeitig gegensteuern und beispielsweise von Zeit zu Zeit Akkuladegeräte oder Adapterkabel entwenden, um den Betroffenen zu eigenen geistigen Aktivitäten zu zwingen.

Exfreundin-Blindheit, die

Bei der Exfreundin-Blindheit ist der Mann trotz vielfältiger Anzeichen nicht in der Lage zu erkennen, dass seine

Exfreundin ihn zurückhaben will. Dauernd ruft sie ihn an, heult sich bei ihm aus, erwähnt – auch im Beisein seiner neuen Partnerin – ständig ihre gemeinsame Vergangenheit (»Weißt du noch damals, wir beide ...?«). Selbst wenn sie ihn bei der Hochzeit ihrer Schwester dabeihaben will (allein natürlich!), behauptet er weiter steif und fest, sie seien nur Freunde. Bei der Exfreundin-Blindheit ist der Mann allerdings nicht nur blind gegenüber den Avancen seiner ehemaligen Partnerin, sondern auch gegenüber dem aufsteigenden Zorn seiner aktuellen Lebensabschnittsgefährtin. Ähnlich – nur ohne vorangegangene Beziehung – verläuft die → *Schlampenblindheit*.

Entsorgungsschwäche, die

Die Entsorgungsschwäche befällt viele Männer und äußert sich in dem seltsamen Verhalten, eine gerade von ihm selbst geleerte Milchtüte/Marmeladenglas/Orangensaftflasche zurück in den Kühlschrank zu stellen. Die Wissenschaft steht hier vor einem Rätsel, vermutet die Ursache aber in einer Hirnfehlbildung, die die Transferleistung »Was macht man mit einem leeren Behälter?« unmöglich macht. Es sei denn natürlich, er ist einfach faul.

Die Entsorgungsschwäche ist relativ leicht zu beheben, indem die Frau ihn gebetsmühlenartig immer wieder darauf hinweist, dass eine leere Flasche/Tüte/Dose in den

Müll gehört. Allerdings beweist so mancher Mann mit hartnäckiger Entsorgungsschwäche einen Funken Intelligenz und erwidert die Anweisung seiner Frau mit einem gewieften Trick: Er lässt einen winzigen Rest übrig und stellt die *fast* leere Flasche/Dose/Tüte zurück in den Kühlschrank. So entgeht er mit bestem Gewissen dem Entsorgen oder gar Spülen – nicht aber dem Ärger seiner Partnerin.

Eine Besonderheit unter den Entsorgungsschwächen stellt die *Kronkorkenspezifische Entsorgungsschwäche* dar. Dabei ist der Betroffene zwar in der Lage, eine Bierflasche mit dem Feuerzeug, einer Wasserflasche oder mit den Zähnen zu öffnen (→ *Bieröffnungsangeberei*), aber nicht, den weggeflitschten Kronkorken in den entsprechenden Mülleimer zu räumen oder gar vom Boden aufzuheben. Die Kronkorkenspezifische Entsorgungsschwäche ist ansteckend und befällt im Zusammensein mit anderen Männern gerne mal die ganze Gruppe.

Familiärer Fluchtreflex, der

Was er sich im Job nicht leisten kann, erlaubt sich der Mann mit Familiärem Fluchtreflex zu Hause: Der Betroffene entzieht sich einfach unliebsamer Situationen – ob es der Hausputz ist oder ein zu erwartendes Klärungsgespräch mit der Partnerin oder ein ganz normales Wochenende in der Familie mit lautstarkem Gezanke der Kinder schon vor acht Uhr morgens.

In der Beurteilung dieser Situationen unterscheidet sich der Betroffene des Familiären Fluchtreflexes nicht von jedem anderen normalen Menschen. Denn natürlich finden alle – Männer *und* Frauen – Hausputze/Klärungsgespräche/Gezanke anstrengend, und niemand hat darauf Bock. Im Unterschied zu einem normalen Menschen aber nimmt sich der Betroffene des Familiären Fluchtreflexes das Recht heraus, einfach zu verschwinden. Anfangs wird er noch einen Vorwand anbringen, um seinen Rückzug zu erklären. In chronischen Fällen legt er sich auch gerne ein zeitintensives Hobby zu, das ihn berechtigt, nach Feierabend und/oder am Wochenende außer Haus zu sein.

Der Familiäre Fluchtreflex tritt dabei übrigens nicht nur in der Kernfamilie auf, sondern auch bei weitläufigerer

Blutsverwandtschaft, beginnend bei den eigenen Eltern. Da der Mann mit Familiärem Fluchtreflex in der Regel jegliche Auseinandersetzung scheut und nicht gerne zugibt, dass er keine Lust auf ein Zusammentreffen hat, wälzt er auch das Kümmern um seine eigene Verwandtschaft gerne auf seine Partnerin ab.

Sicheres Anzeichen für Familiären Fluchtreflex

Er: »Du hast doch nichts dagegen, dass meine Eltern am Wochenende kommen?«

Sie: »Dieses Wochenende passt mir eigentlich nicht so gut.«

Er: »Ich habe ihnen aber schon zugesagt.«

Sie (stöhnt): »Das ist aber wirklich schlecht, ich habe so viel zu tun.«

Er: »Ja, dann ist doch alles klar: Meine Mutter kann dir ja helfen!«

Sie: »*Du* kannst mir doch helfen!«

Er: »Ach, das hab ich dir ja noch gar nicht gesagt: Jochen hat Karten für den FC. Ich bin also unterwegs.«

Fernseheinschaltzwang, der

Beim Fernseheinschaltzwang übt jedes Fernsehgerät auf den Betroffenen solch eine starke Anziehungskraft aus, dass es ihm unmöglich ist, ihn nicht anzuschalten. Unabhängig von den Begleitumständen, führt der erste Weg eines Betroffenen in einem Raum mit Fernseher zu dessen Einschaltknopf. Egal, ob das Essen serviert wird, ein gemütliches Kaminfeuer prasselt oder die Partnerin ihm gerade unter Tränen vom Streit mit ihrer Chefin erzählt: Er schaltet die Glotze an.

Um dies zu verhindern, haben sich bisher zwei Taktiken bewährt:

1. das frühzeitige Bunkern der Fernbedienung an einem für den Mann unzugänglichen Ort
2. das Studium der Verteidigungsarbeit einer amerikanischen Football-Mannschaft, um mit ein paar gezielten Tackles den Mann vom Weg zum Einschaltknopf abzubringen.

Frauenfilmlästerei, die

Die Frauenfilmlästerei ist definiert als das Äußern von unsachlichen, unqualifizierten bis hin zu völlig idiotischen Kommentaren von Männern zu Filmen, Serien oder Shows, die Frauen nun mal gerne sehen. Da hat sie endlich die Macht über die Fernbedienung ergattert und darf den neuen Film mit Orlando Bloom gucken – und er hört nicht auf, sich darüber lustig zu machen. Auch bei *Shopping Queen* oder *Germany's Next Topmodel* hält er einfach nicht die Klappe. Stattdessen kommentiert er die Unsinnigkeit der Sendung, lästert über Kandidatinnen und Moderatoren und spekuliert so lange über die geistige Verfassung der Zuschauer, bis sie ihn entweder aus dem Zimmer schickt – oder ihn doch seine Doku über ganzkörpertätowierte Kerle, die olle Mopeds mit dem Schweißbrenner bearbeiten, sehen lässt. Denn das ist natürlich das eigentliche Ziel seiner verbalen Attacken: Ihre Motivation, die Sendung zu sehen, zu zermürben, um selbst wieder an die Macht zu kommen.

Frauenspezifische Respektlosigkeit, die

Eine Frauenspezifische Respektlosigkeit tritt da auf, wo sich Männer in Alltagssituationen Frauen gegenüber ganz anders aufführen als anderen Männern. Das kann der Arzt oder der Handwerker sein, der meint, einer Frau nicht so genau erklären zu müssen, was er warum tut.

Das kann der Nachbar sein, der glaubt, er müsse für das Betreten ihres Grundstücks nicht um Erlaubnis fragen. Oder der jugendliche Störenfried, der der Überzeugung ist, sich von der Schlampe/Zicke/Mutti gar nichts sagen lassen zu müssen. Oder auch der aufgebrachte Autofahrer, der Verbalinjurien aus dem Fenster brüllt, die er sich einem Mann gegenüber schön verkneifen würde, aus Angst vor einer Retourkutsche mit der Faust. Denn die Ursache für die Frauenspezifische Respektlosigkeit liegt meist in der körperlichen Überlegenheit der Männer, die wissen, dass Frauen im Streitfall in der Regel nicht handgreiflich werden – oder wenn, dann nur mit Außenseiterchancen. Eine der wirklich äußerst unsympathischen Männermacken.

Flatulenzinkontinenz, die

Die Flatulenzinkontinenz bezeichnet die Unfähigkeit eines Mannes, seine Darmwinde im Auspuff zu halten. Betroffene der Flatulenzinkontinenz lassen ihren Ausdünstungen im Gehen und Stehen freien Lauf, sobald eines der folgenden Kriterien erfüllt ist:

1. er ist allein,
2. er ist mit seiner Familie zusammen,
3. er ist mit Kumpels zusammen,
4. er ist mit mindestens drei Fremden zusammen (sodass eine Schuldzuweisung nicht eindeutig möglich ist).

»Merkt doch keiner«, sagt er achselzuckend, wenn seine Partnerin ihn dezent auf seine Entgleisung hinweist. Für die Partnerin ist das eine heikle Situation. Sie muss unbewegte Miene zum überriechenden Spiel machen. Denn so manche Angehörige von Flatulenzinkontinenten hat schon vom Verursacher des Gestanks zu hören bekommen:

»Guck nicht so erschrocken! Sonst denken die Leute noch, *du* hättest gefurzt!«

Fußballaberglaube, der

Der Mann mit Fußballaberglauben folgt vor und während des Spiels einem streng festgelegten Ritual, das seiner Mannschaft garantiert zum Sieg verhilft. Das Ritual ist dabei individuell verschieden und wird nach dem einfachen Grundsatz festgelegt: »Was habe ich gemacht, als meine Mannschaft damals diesen sensationellen Sieg davongetragen hat?«

Der Betroffene ist dann zum Beispiel der unverrückbaren Überzeugung, dass sein Team nur gewinnen kann, wenn er das blaue T-Shirt mit der Aufschrift »Gib ihm« trägt, er sich die Haare nicht wäscht und sein Kumpel Ingo mit dabei ist. Was bei vielen Ritualen eine wichtige Rolle spielt, ist der Konsum einer ausreichenden Menge Bier. Selbst wenn seine Mannschaft dann verlieren sollte, weiß der Betroffene, dass *er* alles für den Sieg getan hat. Und ein neues Ritual braucht.

Fußballverlierertypen, die

Nirgendwo offenbart sich der wahre Charakter eines Mannes so deutlich wie beim Schnapstrinken und bei einer Niederlage seiner Lieblingsmannschaft. (Beides zusammen ist natürlich die verheerendste Mischung für das Offenlegen von Charakterabgründen und sollte generell vermieden werden.) Es gibt im Großen und Ganzen sechs Fußballverlierertypen, über die die Partnerin Bescheid wissen sollte, um gegebenenfalls entsprechende Vorsichtsmaßnahmen treffen zu können.

Der Aggressive

Für den Aggressiven ist jede Niederlage ein sprudelnder Quell der Wut und die totale Rechtfertigung dafür, sofort mit jedem einen Streit vom Zaun zu brechen, vor allem mit demjenigen, der nicht seiner Meinung ist. Was in dem Moment jeder ist, dafür wird der Aggressive schon sorgen. Die umsichtige Partnerin sorgt entweder dafür, dass der Aggressive die Spiele in einer möglichst reizarmen Umgebung anschaut, und entfernt sich dann diskret. Wenn sich das nicht umsetzen lässt, sollte sie ihn möglichst vom Publikum der gewaltbereiten Sorte fernhalten, denn der Aggressive scheut sich nicht davor, so lange zu stänkern, bis die Fäuste fliegen.

Der Pessimist

Der Pessimist redet schon vor dem Spiel nur davon, dass seine Mannschaft bestimmt verliert, und wenn sie dann tatsächlich verliert, sinkt er wie ein Häufchen Elend in sich zusammen und stammelt in einem fort: »Ich hab es gewusst, ich hab es gewusst!« Dabei stützt er den Kopf resigniert in die Hände und würde gerne auch für den Rest seines Lebens rabenschwarz sehen. Von Seiten der Partnerin ist dann eine Menge aufbauender Motivationsarbeit nötig, um ihm wenigstens wieder ein bisschen Zuversicht für die Zukunft einzuimpfen.

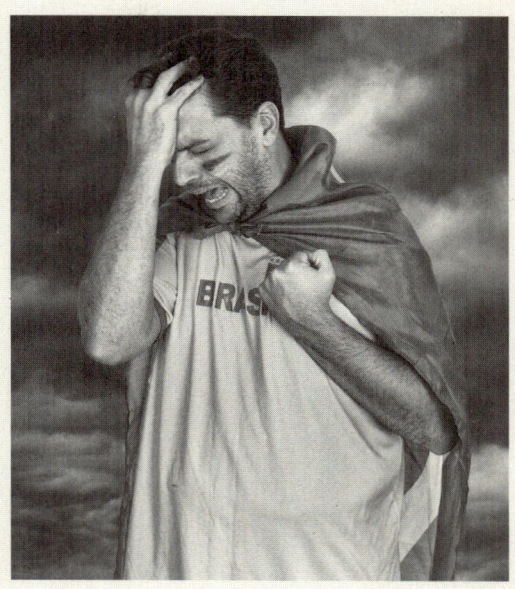

Der Depressive
Der Depressive zieht sich nach der Niederlage seiner Mannschaft zurück und will niemanden mehr sehen, bis er für sich allein den unermesslichen Schmerz verdaut hat. Die Dauer seiner depressiven Verstimmung wird von der Wichtigkeit des Spiels bestimmt, kann in der Regel von seiner Partnerin nicht wesentlich verkürzt, allerdings durch aufopferungsvolle Pflege gelindert werden.

Der Jähzornige

Der Jähzornige neigt dazu, seinen Emotionen schon während des Spiels durch lautstarkes Geschrei Ausdruck zu verleihen, nach Abpfiff aber drückt er seinen Zorn gerne in Gewalt aus, die sich normalerweise auf unbelebte Gegenstände beschränkt, weswegen es angeraten ist, Leichtzerbrechliches und wertvolle Pretiosen rechtzeitig aus seinem Umfeld zu entfernen.

Der Treulose

Der Treulose kündigt seinem Verein jedes Wochenende erneut die Freundschaft und schwört: »Das war das letzte Mal. Ich geh da nicht mehr hin. Nie wieder tu ich mir das an!« Er droht damit, die Dauerkarte zu zerreißen und den Vereinsschal zu verbrennen. Nur um sich (und seine Partnerin) am nächsten Samstag mit grimmiger Entschlossenheit dem Leiden erneut auszusetzen.

Der Abstrakte

Der Abstrakte versucht, die Niederlage rational einzuordnen und wiederholt mantramäßig: »Es ist nur Fußball. Niemand ist gestorben. Es ist alles in Ordnung.« Natürlich weiß jeder in seiner Umgebung, dass es sich dabei nur um den tapferen Versuch handelt, die Trauer auf ein erträgliches Maß zu senken und damit seinem Umfeld nicht unglaublich auf den Sack zu gehen. Einer der am besten sozialverträglichen Fußballverlierertypen.

Gabelbeißreflex, der

Beim Gabelbeißreflex lässt die Freude der Frau über das freiwillige Benutzen von Besteck durch den Mann (im Gegensatz zur → *Besteckresistenz*) sehr schnell nach. Denn der männliche Gabelbeißreflex ist für die Partnerin nicht leicht zu ertragen. Er lässt sich anhand eindeutiger akustischer Signale diagnostizieren. Denn der Mann mit Gabelbeißreflex schlägt seine Zähne beim Essen mit einem deutlich vernehmbaren *Klong!* in die Gabel, als ob er den Edelstahl auf seine Echtheit prüfen wollte oder doch versucht, das Besteck zu verspeisen. Beim anschließenden Herausziehen der Gabel wartet der Betroffene nicht etwa, bis der Mund weit genug geöffnet ist, sondern raspelt das Metall lieber über den zarten Schmelz seiner Schneidezähne, was mit Geräuschen der Kategorie »Zahnarztbohrer« einhergeht. Das Blöde an dieser Macke ist, dass der Betroffene selbst gar keinen Leidensdruck verspürt, während seine Partnerin bei gemeinsamen Mahlzeiten von Gänsehautattacken geschüttelt wird.

Zu den Risikofaktoren für den männlichen Gabelbeißreflex gehören → *Schlingen* und latente → *Besteckresistenz*. Denn neigt der Mann zu einer dieser beiden Macken, ist die Gefahr sehr groß, dass er in der Hektik des Schlingens seine Zähne auf die Gabel krachen lässt beziehungsweise dass er aufgrund seiner Besteckresistenz mit der Handhabung einer Gabel nicht ausreichend vertraut ist.

Während beim Gabelbeißreflex allgemeine Gier und mangelndes Feingefühl als Ursache angenommen wird, haben Psychologen für den ebenfalls häufig vorkommenden → *Löffelbeißreflex* die Theorie der urzeitlichen Stärkedemonstration aufgestellt, bei der der Mann die Kraft seines Gebisses zum Ausdruck bringen möchte.

Da Männer mit der Bitte »Iss doch ein bisschen leiser« meistens genauso wenig anfangen können wie mit der Aufforderung »Dann iss einfach langsamer«, kann sowohl bei einem ausgeprägten Gabelbeißreflex wie auch beim Löffelbeißreflex nur ein schickes Plastikbesteck Abhilfe schaffen.

Geschenkaussuchschwäche, die

Die Geschenkaussuchschwäche äußert sich in dem regelmäßigen Versagen des Mannes bei der Auswahl von Prä-
senten. Selbst die Geschenke für seine Eltern kauft die
Partnerin, die Geschenke für die Partnerin besorgt die
Sekretärin des Betroffenen oder die beste Freundin der
Partnerin. Falls er tatsächlich mal gezwungen sein sollte,
selbst ein Geschenk auszusuchen, wählt er Bücher, CDs
und DVDs oder einen Gutschein für einen Onlineshop.
Dabei hätte es ein Strauß Blumen auch getan.

Geschenkeinpackkrampf, der

Der Geschenkeinpackkrampf bezeichnet die Unfähigkeit eines Mannes, einem Geschenk eine optisch ansprechende Gestalt zu verpassen. Einen Betroffenen erkennt man daran, dass das von ihm verpackte Geschenk so aussieht, als hätte der Hund damit gespielt und es anschließend noch dem Nachbarshund geliehen, damit auch der noch ein bisschen darauf herumkauen kann.

Die Ursachen des Geschenkeinpackkrampfes sind vielfältig. Sie liegen einerseits in mangelnder Feinmotorik und/oder einem allgemeinen *Dekorationsdefizit* (siehe auch: Dietz, *Männerkrankheiten*, Berlin 2012). Aber ausschlaggebend ist vor allem, dass den meisten Männern schlicht die Einsicht fehlt, dass eine schöne Verpackung einen Sinn hat, obwohl sie sofort beim Überreichen kaputtgemacht wird.

Geschenkverpackungsignoranz, die

Bei der Geschenkverpackungsignoranz würdigt der Betroffene das Geschenkpapier, die Schleifen, die Aufkleber und die anderen Details des liebevoll eingehüllten Geschenks keines Blickes und zerfetzt das Papier schneller, als die Schenkende sagen kann: »Lies erst die Karte!«

Manchen Männer mit Geschenkverpackungsignoranz ist allerdings bewusst, dass es beim Schenkenden mitunter negative Empfindungen auslöst, wenn seine Mühe nicht gewürdigt wird, und sie würgen automatisch ein »Oh, schön!« hervor, bevor sie achtlos das Papier zerrupfen.

Ursache für die Geschenkverpackungsignoranz ist eine Hirnstörung. Wissenschaftlichen Untersuchungen zufolge sind männliche Gehirne nämlich nicht in der Lage, die von der Netzhaut aufgenommenen Bilder von dekorativen Elementen ins emotionale Zentrum des Gehirns weiterzuleiten und dort tatsächlich mit »schön« zu bewerten.

Gläseraversion, die

Bei der Gläseraversion meidet der Betroffene jegliche für Trinkzwecke hergestellten Gefäße, um lieber gleich aus der Flasche zu trinken. Bier ist dabei nur der Klassiker. Gerne genommen wird auch die Milchtüte oder die Saftflasche, die man sich noch vor der offenen Kühlschranktür an den

Hals setzt. Hier fühlt sich der Mann noch wie ein echter Kerl, der keinen Schnickschnack wie Gläser zum Überleben braucht! Und das Beste ist: Zum Cowboy-Image passt perfekt, dass man hinterher auch nichts abspülen muss. Imagepflege und Faulheit – hier treffen zwei der beliebtesten Männermarotten aufeinander, weswegen die Gläseraversion dem Mann auch so schwierig abzugewöhnen ist.

Glaszudrehschwäche, die

Leidet ein Mann unter Glaszudrehschwäche, schafft er es nicht, Marmeladengläser oder Apfelsaftflaschen oder andere Behältnisse mit Schraubverschluss ordnungsgemäß wieder zuzuschrauben. Zur Tarnung seiner Schwäche *legt* er den Deckel auf das Glas oder dreht ihn allenfalls eine Viertelumdrehung weit, so dass er sich beim Hochheben sofort löst – mit entsprechender Glasbruchgefahr. Das Gegenteil dieser Schwäche ist die *Glaszudrehmanie*, bei der der Betroffene jeden Deckel so fest zuschraubt, dass seine Partnerin ihn alleine nur mit der Rohrzange wieder aufbekommt.

Grünzeugallergie, die

Die Grünzeugallergie zeichnet sich dadurch aus, dass der Betroffene wie ein kleines Kind alles Grüne meidet, das auf seinem Teller liegt. In leichten Fällen beäugt er es nur kritisch, schiebt es sich aber in den Mund, im weiteren Verlauf der Krankheit sortiert er es heimlich aus, noch später beschwert er sich lautstark darüber, warum so etwas überhaupt im Essen sein muss, und in ganz schweren Fällen weigert er sich schlichtweg, jedwedes Grüne zu essen. In manchen Fällen hilft es, dem »Grünen« einen Namen zu geben, damit der Mann zu unterscheiden lernt zwischen Zucchini und Petersilie und damit die Chance besteht, eine Beziehung zu einzelnen grünen Lebensmitteln aufzubauen. Die Weiterentwicklung zu einer Spezifischen Grünzeugallergie ist dann möglich. Dabei meidet der Betroffene zum Beispiel weiterhin den Spinat, isst aber die Erbsen.

Händewaschmuffeligkeit, die

Die Händewaschmuffeligkeit ist definiert als allgemeine Ablehnung der Hygieneregel Nummer 1: »Hände waschen nicht vergessen!«. Der Betroffene der Händewaschmuffeligkeit hält das Reinigen der Hände für mehr oder weniger komplett überflüssig, besonders das mit Wasser und Seife. Im Anfangsstadium der Krankheit kann es sein, dass er zur Vermeidung von Auseinandersetzungen mit der Partnerin das Waschen noch antäuscht, indem er die Hände kurz unter dem Wasserhahn nass macht. In dieser Phase hält er den Seifenspender aber bereits für ein völlig unnützes Badaccessoire, genau wie Blüten-Potpourri, übrigens.

In leichten Fällen wird der Betroffene eventuell noch einsehen, dass nach dem Ölwechsel eine Säuberung der Hände sinnvoll ist, und seine Händewaschmuffeligkeit auf unsichtbaren Schmutz wie Popelfragmente, Grippeviren und E.coli-Bakterien beschränken. In schweren Fällen setzt der Betroffene sich aber auch nach dem Umgraben des Gartens einfach so an den Tisch und langt mit Trauerrändern unter den Fingernägeln beherzt in die Gemeinschaftsschale mit den Oliven oder Erdnüssen. Dezent neben seinem Teller drapierte Gummihandschuhe zur Isolierung seiner Dreckspfoten können eventuell Abhilfe schaffen.

Hausarbeitsspezifische Rosinenpickerei, die

Auch genannt *Mittelprächtige Leistungsbereitschaft* oder *Arbeitsteilung auf Herrisch.*

Bei der Hausarbeitsspezifischen Rosinenpickerei täuscht der Mann einen erstaunlichen Arbeitseifer vor, um sich dann anschließend mit fintenreicher Widerspenstigkeit vor unliebsamen Aufgaben zu drücken und sich nur die leichtesten, bequemsten und möglichst prestigeträchtigen Jobs, sprich: die Rosinen, herauszupicken. Denn wenn der Betroffene bei der Hausarbeit hilft, dann nur bei dem Teil, der einigermaßen Spaß bringt und für den er im Idealfall hinterher noch die Lorbeeren ernten kann, indem er sich zum Beispiel bei Tisch damit brüstet, sich für die Soße verantwortlich zu zeichnen. Dass seine Frau ihm alle Zutaten vor die Nase gestellt, ihm Anweisungen erteilt und hinterher alles weggeräumt plus die Ölspritzer von der Wand gewischt hat, unterschlägt er dabei natürlich – ganz wie es der Rolle des »Worst supporting Worker« entspricht.

Um nicht etwa die schwierigen oder langweiligen Sachen machen zu müssen, scheut der Betroffene keine verbalartistische Einlage, die von nervtötender Dauerfragerei, Erfindung von absurden Ausreden bis hin zu prophylaktischen Schuldzuweisungen an die Frau reichen kann. Denn wenn alles nichts hilft, begründet der Betroffene seine Ablehnung von spezifischen Aufgaben am liebsten damit, dass er es seiner Partnerin ja sowieso nicht recht machen könne. Ermattet von der vorangegangenen Endlosdiskussion um das Aufhängen von Wäsche, das Schälen von Kartoffeln oder das Gießen von Blumen, hat die Partnerin diesem Totschlagargument häufig nichts mehr entgegenzusetzen, macht es schließlich doch selbst und überlässt dem Betroffenen den angenehmen Teil der Arbeit, erleichtert darüber, dass er überhaupt bereit ist, *irgendwas* zu helfen.

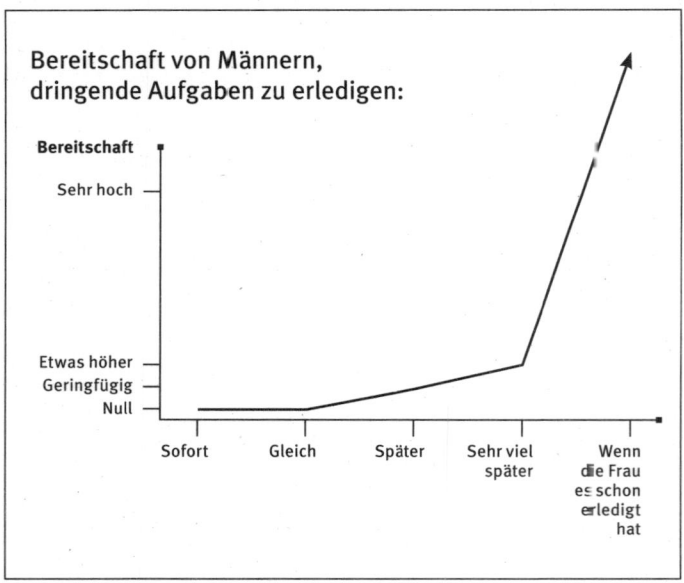

Bereitschaft von Männern, dringende Aufgaben zu erledigen:

Bereitschaft

Sehr hoch

Etwas höher
Geringfügig
Null

Sofort   Gleich   Später   Sehr viel später   Wenn die Frau es schon erledigt hat

Typischer Verlauf der Hausarbeitsspezifischen Rosinenpickerei:
Er kommt in die Küche, reibt sich eifrig die Hände und fragt beschwingt: »Was kann ich tun? Wie kann ich dir helfen? Soll ich vielleicht schon mal den Wein holen?«
Sie: »Du könntest die Karotten in Würfel schneiden.«
Er verharrt untätig.

Sie: »Was ist?«

Er (zögerlich): »Ich muss mal sehen, ob ich das kann.«

Sie (aufmunternd): »Ist doch ganz einfach.«

Er (skeptisch): »Wie groß sollen denn die Würfel sein?«

Sie: »So wie hier auf dem Foto.«

Er studiert das Kochbuch, als handele es sich um die Bauanleitung für einen Teilchenbeschleuniger.

Er (immer noch auf das Bild starrend): »Nachher meckerst du, wenn das nicht so wird, wie du das willst.«

Sie: »Ich meckere doch nicht.«

Er (pikiert): »Da bin ich mir nicht so sicher.«

Sie: »Ich aber schon.«

Er schiebt das Buch beiseite. »Ich würde ausgerechnet das lieber nicht machen. Hast du keine andere Aufgabe für mich?«

Sie seufzt. »Okay. Dann deck doch schon mal den Tisch.«

Er: »Welches Geschirr soll ich nehmen?«

Sie (verwirrt): »Wie, welches Geschirr? Das normale halt.«

Er geht einen Schritt auf den Geschirrschrank zu, bleibt dann stehen, betrachtet sinnierend seine Hände und sagt: »Hoffentlich lasse ich nichts fallen. Mein Daumen tut immer noch so weh.«

Sie stöhnt genervt.

Er: »Tiefe Teller oder flache?«

Sie (ärgerlich): »Sag mal, willst du mich eigentlich veräppeln? Wir essen Suppe!«

Er (triumphierend): »Siehst du, ich wusste es! Immer meckerst du an mir rum, wenn ich dir helfen will.«

Sie (resigniert): »Na los, geh den Wein holen.«

Häusliche Arbeitsimmunität, die

Die Häusliche Arbeitsimmunität des Mannes ist definiert als Unempfänglichkeit für jegliche Hygieneerreger und zeichnet sich dadurch aus, dass der Betroffene durch keinerlei Aktionismus in seiner Umgebung zu bewegen ist, mal mitanzupacken. Während Frauen in der Regel sofort einen Betätigungsdrang verspüren, sobald jemand anders anfängt zu arbeiten, haben Betroffene der Häuslichen Arbeitsimmunität selbst im hektischsten Gewusel die Ruhe weg und rühren keinen Finger. Die Häusliche Arbeitsimmunität ist dabei nicht nur in der Partnerschaft oder Familie, sondern auch im Freundeskreis zu beobachten.

Typisches Beispiel ist das Tischabräumen:

Fängt die Gastgeberin mit dem Abdecken an, springen statistisch gesehen acht von zehn der weiblichen Gäste ungefragt auf, um mitzuhelfen. Bei Männern sind es durchschnittlich zwei von zehn. Die sitzen aber nie mit am Tisch. Oft reichen die Betroffenen der Häuslichen Arbeitsimmunität noch nicht einmal ihren Teller an, nicht einmal, *wenn* sie die Hände frei hätten, weil sie gerade zufällig nicht am Smartphone herumspielen.

In schweren Fällen kann sich aus der Arbeitsimmunität eine allgemeine Häusliche Arbeitsresistenz entwickeln, die sich auf alle Situationen, in denen etwas zu tun ist, erstreckt.

Die Ursachen werden von Entwicklungspsychologen in der archaischen Rollenverteilung der Steinzeit vermutet, in der der Mann seine ganze Energie auf die Jagd nach dem Wollnashorn verpulverte und in seiner Höhle anschließend berechtigt war, die Füße hochzulegen.

Hupenputsch, der

Der Hupenputsch bezeichnet die verstörende Angewohnheit des Mannes auf dem Beifahrersitz, die Macht über
die Hupe an sich zu reißen, wann immer er es für angebracht hält.

Siehe → *Beifahreraggression.*

Die Top Ten der nervigsten Männersätze

1. Wo ist das?
2. Wie geht das noch mal?
3. Was hast du gesagt?
4. Ach, das habe ich vergessen zu erzählen.
5. Ich bin in fünf Minuten wieder da.
6. Ich erledige das nachher.
7. Die Ampel hättest du noch geschafft.
8. Was gibt's zu essen?
9. Wenn du nichts für mich zu tun hast, dann bin
   ich mal unten.
10. War ich gut?

Hüttenkäse-Aversion, die

Die Hüttenkäse-Aversion ist unter Männern extrem weit
verbreitet und äußert sich in unmittelbaren und äußerst
schroffen Ablehnungsreaktionen, sobald jemand (in diesem Fall kann das nur eine Frau sein) das Wort »Hütten-

käse« auch nur benutzt oder – noch schlimmer – ihn in den Einkaufswagen legt oder – der Super-GAU –, wenn der Mann ihn im Kühlschrank entdeckt. Typische Symptome der Hüttenkäse-Aversion sind Schreckensschreie, missbilligendes Kopfschütteln, Nackenschauer, angewidertes Grimassieren, ungläubiges Wiederholen des Wortes »Hüttenkäse!« mit begleitendem Stöhnen. Hüttenkäse ist Umfragen zufolge der Buhmann unter den Brotaufstrichen und auf der Liste der von Männern gefürchteten Lebensmittel ganz weit oben, zusammen mit Tofu und Sauerkrautsaft. Die meisten Männer würden lieber isländischen Gammelhai oder Tausendjährige Eier essen, als sich Hüttenkäse aufs Brot zu schmieren.

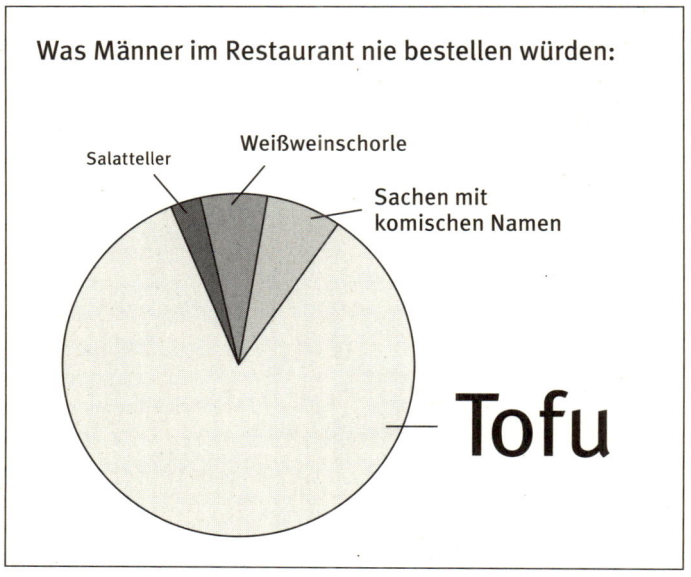

Was Männer im Restaurant nie bestellen würden:

Salatteller

Weißweinschorle

Sachen mit komischen Namen

Tofu

Hydrodynamische Erschlaffung, die

Bei der Hydrodynamischen Erschlaffung wird der Betroffene durch die Wasserbestrahlung der Dusche spontan so entkräftet, dass er nach dem Abtrocknen seines Alabasterkörpers nicht einmal mehr in der Lage ist, das nasse Handtuch festzuhalten, geschweige denn, es aufzuhängen. Er kann es nur noch hinter sich auf den Boden fallen lassen, wo es verschimmeln würde, wenn die Partnerin nicht irgendwann darüber stolpern und es aufhängen würde.

Jubiläumsrabatt, der

Englisch: *Romantic Pay Back System (RPBS)*

Der Jubiläumsrabatt ist ein von Männern ersonnenes und sehr ausgeklügeltes System, um vergessene Jahrestage wiedergutzumachen. Wird der Mann dabei ertappt, dass er nicht an einen Jahres-, Hochzeits- oder Valentinstag gedacht hat, offeriert er seiner Partnerin prompt die doppelte Menge an Romantik und Geschenken.

Je nach diplomatischem Geschick kann der Mann seine Ausrede über das verschwitzte Datum dabei so gut platzieren, dass das Ausbleiben von Feierlichkeiten seinerseits wie Absicht wirkt. In seiner Rede wird er dann Sätze einflechten wie »Ich habe die Superüberraschung geplant« und »Diesmal wird es was ganz Besonderes, weil du auch was ganz Besonderes bist« und »Deswegen brauche ich mehr Zeit für die Vorbereitung«. Entlarvend wirkt hier höchstens, wenn seine Zeitangaben für die tolle Nachfeier vage bleiben. Dennoch lassen sich Partnerinnen von seinen wundersamen Versprechungen in der Regel beruhigen, so dass sie es unterlassen, dem vergesslichen Mann den Jahrestag zur Hölle zu machen.

Prekär wird die Lage, wenn er versprochen hat, mit ihr den Valentinstag nachzufeiern, er das aber bis zum Jahrestag noch nicht eingelöst hat. Bei dem Versprechen »Valentinstag plus Jahrestag zusammen *richtig, richtig groß* nachzufeiern« könnte das Wohlwollen der Partnerin erste Risse bekommen. Wiederholt sich das Spiel bei mehreren Anlässen, müsste er ihr nach dem Jubiläumsrabattprinzip schon eine Reise auf die Malediven spendieren, um den Schaden wieder auszugleichen. Ansonsten könnte es sein, dass sie bei nächster verpasster Gelegenheit das größte Geschenk von ihm einfordert: die Scheidung.

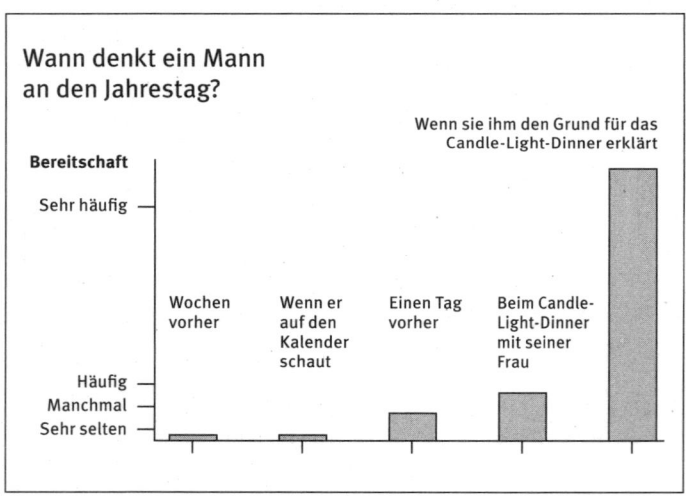

Junggesellenspezifisches Binge Eating

Das Junggesellenspezifische Binge Eating ist eine Essstörung, die eher Männer jüngeren Alters betrifft. Dabei neigt der Betroffene zu Fressgelagen bei Gelegenheiten, bei denen gekochtes Essen verfügbar ist. Besonders bei Besuchen bei Muttern wird er alles in sich hineinstopfen, was sie ihm vorsetzt, um danach wieder Phasen der kulinarischen Askese überstehen zu können. Beim Junggesellenspezifischen Binge Eating handelt es sich also um eine Art Vorratsessen. Zu solchem Fressgelage neigt der Betroffene immer dann, wenn es warmes Essen umsonst oder für einen geringen Kostenaufwand gibt, zum Beispiel auch in der Mensa oder der Kantine.

Kabelkonfusion, die

Eine Kabelkonfusion ist bei einem Mann da zu diagnostizieren, wo die Menge an Kabeln seines technischen Fuhrparks an diversen Stellen im Haus knäuelartige Ausmaße annimmt. Aufladekabel, Antennenkabel, USB-Kabel, Elektrokabel, Scartkabel, Adapterkabel, HDMI-Kabel, HDTV-Kabel, VGA-Kabel, SAT-Anschluss-Kabel, Kopfhörerkabel, DisplayPort-Kabel – bei der Kabelkonfusion sind die verschiedenen Leitungen irgendwann so chaotisch ineinander verknotet, dass der Betroffene

1. überhaupt keinen Durchblick mehr hat
   und
2. man auch mit dem Stutzen des Staubsaugers nicht mehr dazwischenkommt.

So fangen sich in dem Kabelknäuel natürlich Staub und Haare, die mit der Zeit eine Art klebrigen Kitt bilden, so dass der Kabelkomplex irgendwann die Beschaffenheit eines Gordischen Knotens annimmt und nur noch im Ganzen entsorgt werden kann.

Kippelsucht, die

Die Kippelsucht äußert sich in zwanghaftem Kippeln mit jedem Stuhl, der vier Beine hat. Hierfür sind Männer besonders anfällig. Betroffene der Kippelsucht verlagern ihr Gewicht sofort nach dem Hinsetzen auf die hinteren Stuhlbeine, so dass die vorderen beiden in der Luft schweben. Mit seinen auf dem Boden verbleibenden Fußspitzen steuert der Kippler die Bewegungen des Stuhles. Es sei denn, es handelt sich um einen schwersüchtigen Kippler. Den erkennt man daran, dass er seine Füße ebenfalls vom Boden abhebt und um die vorderen Stuhlbeine schlingt. So muss er das Gleichgewicht alleine auf den zwei hinteren Stuhlbeinen halten. Eine ziemliche Herausforderung! Gelegentlich klammert sich der Betroffene dabei mit einer Hand an der Tischkante fest, gerne kippelt er auch in knappem Abstand zu einer rückwärtigen Wand, die er dann im Notfall zur Abstützung benutzt. Da der zwanghafte Kippler immer versucht, bis an seine Grenze zu gehen, ist diese Angewohnheit für Anwesende äußerst nervtötend, weil man sich ständig fragt, wann er mal auf den Hinterkopf knallt.

Notorischen Kipplern sollte man deswegen Stühle ohne vier Beine anbieten, allerdings ist zu vermuten, dass sie auch auf einem Drehstuhl oder einem Kniehocker eine Möglichkeit finden werden, ihrem pathologischen Bewegungsdrang nachzukommen. Eine typische Ersatzbefriedigung ist zum Beispiel manisches Verändern der Sitzposition auf dem Hocker, ständiges Auf- und Abfahren der Sitzfläche eines Drehstuhls oder extrem hektisches Beinwippen.

Klettenfieber, das

Das Klettenfieber ist eine infektiöse Krankheit des Mannes, die nach dem Zusammenkommen mit einer Frau ausbricht. Dabei verwandelt sich ein netter, cooler Typ in kürzester Zeit in eine Klette, die sich an seine neue Freundin hängt und sie nicht mehr loslässt. Ein Mann mit Klettenfieber wird plötzlich unselbständig, anhänglich und klammert sich an die Frau wie ein Ertrinkender an den Rettungsreifen. Begleitend treten gelegentlich auch heftige Eifersuchtsattacken auf, wenn die Partnerin es wagt, etwas alleine zu unternehmen. Mit steigendem Fieber sinkt messbar die Attraktivität des Mannes. Kuriert werden kann die Klette häufig nur mit Schlussmachen. Durch diesen Schock kann der Betroffene in der Regel geheilt werden. In ganz schlimmen Fällen aber bricht das Klettenfieber erst nach Ende der Beziehung richtig aus, so dass ihn nur noch eine einstweilige Verfügung, die ihm jedwede Annäherung untersagt, vom Stalken seiner Angebeteten abhalten kann.

Klamottenaufhäufmanie, die

Die Klamottenaufhäufmanie bezeichnet eine skurrile Kleidungsaufbewahrungstaktik des Mannes, die darin besteht, einfach alle Klamotten auf einen Haufen zu werfen. Von den stinkenden Socken bis zum Pullover, den er am nächsten Tag noch mal anziehen will. Auslöser für die Klamottenaufhäufmanie ist ganz einfach das Entledigen von Klamotten. Die streift der Betroffene gerne schichtweise ab (alle Oberteile bzw. Hosen auf einmal) und lässt sie dann genau da liegen, wo er sich gerade befindet. Das Sortieren der Kleidungsstücke nach den Kriterien ihrer weiteren Verwendung ist dem Betroffenen nicht möglich. Er schafft es nicht, dreckige Sachen in den Wäschekorb zu werfen und wiederzuverwendende Kleidungsstücke auf einen Bügel oder über eine Stuhllehne zu hängen.

Manche Betroffenen entwickeln nach einer Intervention durch die Partnerin, die ihnen klarmacht, dass diese Art der Kleideraufbewahrung kein adäquates Verhalten darstellt, ein neues System, das sich zumindest vorübergehend beziehungstauglicher gestaltet: Der Mann wirft einfach *alle* Klamotten in den Wäschekorb mit der Absicht, diese ein paar Tage später durch die Partnerin gereinigt, gefaltet und sortiert in seinem Schrank vorzufinden. Für eine Weile mag die Partnerin sogar durchaus erleichtert sein, dass die Klamotten nicht mehr im Zimmer herumliegen. Doch auch dieses System ist in der Regel nicht von Dauer, jedenfalls nicht ohne Abweichung in der horizontalen Ausrichtung des Haussegens. Abhilfe schafft nur der mehrwöchige Männerkurs »Bedienung der Waschmaschine, Trocknen und Falten von Wäsche« – oder die Einführung von getrennten Waschkonten.

Kleiderschrankschließschwäche, die

Die Kleiderschrankschließschwäche ist eine motorische Störung, die verhindert, dass der Betroffene die Tür des Kleiderschranks richtig schließen kann. Dabei gibt es verschiedene Ausprägungen: Manche Betroffenen lassen die Tür nur einen Spaltbreit offen, durch den höchstens Staub und Motten passen, anderen gelingt es nicht, die Schranktür auch nur ansatzweise in eine geschlossene Stellung zurückzubringen. Bei Letzteren liegt häufig eine Allgemeine Türschließschwäche vor, bei der der Betroffene aus unerfindlichen Gründen hinter sich jede Tür offen stehen lässt.

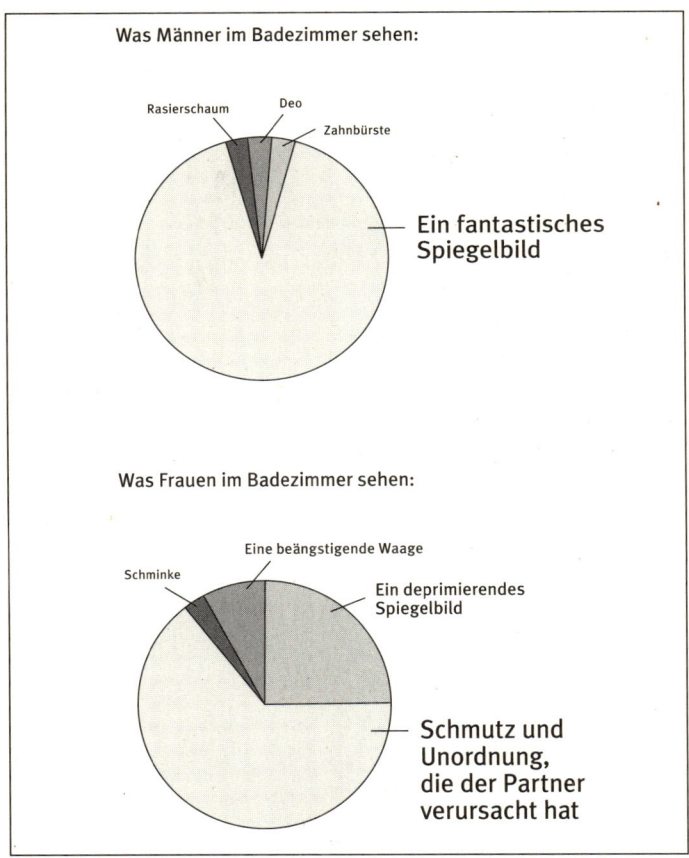

Was Männer im Badezimmer sehen:

Rasierschaum

Deo

Zahnbürste

Ein fantastisches
Spiegelbild

Was Frauen im Badezimmer sehen:

Eine beängstigende Waage

Schminke

Ein deprimierendes
Spiegelbild

Schmutz und
Unordnung,
die der Partner
verursacht hat

Kloputzaversion, die

Folgender Witz kursiert im Internet:
Wie viele Männer braucht es, um ein Klo zu putzen?
Keinen.
Das ist Frauenarbeit.

Das ist vielleicht etwas übertrieben. Wahrscheinlich aber auch nicht.

Die Kloputzaversion äußert sich jedenfalls in einem generellen Widerwillen zur Säuberung des stillen Örtchens. Das ist natürlich ein nachvollziehbarer Standpunkt, schließlich ist Kloputzen wohl niemandes Hobby. Dennoch überwiegt bei den meisten Menschen (vor allem bei Frauen) die Einsicht, dass ein gewisses Maß an Hygiene gerade an dieser prekären Stelle unumgänglich ist. Aus irgendeinem Grund ist das für viele Männer dennoch kein Anlass, selbst zum Lappen zu greifen. Sie gehen einfach davon aus, dass die Partnerin, an der in den meisten Familien der überwiegende Teil der Hausarbeit hängenbleibt, auch diesen Part übernimmt.

Eine Ursache für die Kloputzaversion ist, dass Männer für das kleine Geschäft gar nicht mit dem Klo in Berührung kommen müssen, sondern aus sicherem Abstand ihre Körperflüssigkeit in die Schüssel verfrachten können. In diesem Fall haben Männer auch nicht das Gefühl, dass sie das Klo richtig benutzen, weswegen sie es natürlich auch nicht putzen müssen. Allerdings gibt dieses Verhalten tatsächlich der Sauberkeit der Toilette den Rest. Und verleiht einer vorhandenen Kloputzaversion beim Mann eine besondere Schärfe, die bei der Partnerin verständlicherweise für alarmierende Wutanfälle sorgen kann. Genauso verhält es sich, wenn er neben einer Kloputzaversion noch unter einer *Klobürstenaversion* leidet. Dann ist es höchste Zeit, getrennte Badezimmer zu etablieren.

An dieser Stelle muss gesagt werden, dass es auch eine Menge Männer gibt, die das Klo putzen. Für diese hat die *Internationale Vereinigung der Beziehungspflege* den Sonderpreis »Goldene Medaille der Partnerschaft« ausgelobt und die Frauen, die so einen Vorzeigemann ihr Eigen nennen, aufgerufen, diesen besonders zu würdigen. Auf gar keinen Fall sollten die glücklichen Frauen einen solchen Schatz für selbstverständlich halten!

Kochmuffelei, die

Im Anfangsstadium ist die Kochmuffelei noch eine hübsche kleine Marotte, bei der der Mann (um es einmal positiv zu formulieren) eine effiziente Nahrungszubereitung zu schätzen weiß. Er hat keinerlei Interesse, mehr Zeit als nötig in der Küche oder beim Einkaufen zu verbringen. Geschmackliche Einbußen nimmt er zugunsten der Schnelligkeit der Zubereitung in Kauf. Aber immerhin zeigt er sich bereit, überhaupt selbständig am Herd Lebensmittel zu erhitzen und mit anderen Lebensmitteln zu kombinieren zum Zwecke der Verspeisung. Rezepte mit mehr als fünf Zutaten lehnt der Betroffene aber in der Regel ab. Mancher Kochmuffel bereitet grundsätzlich nur Mahlzeiten zu, die aus einem Minimum an Zutaten bestehen. Das sind in der Regel zwei. Zum Beispiel Nudeln mit Ketchup, Steak mit Ketchup oder Rührei mit Ketchup.

Unter geeigneter Anleitung und mit entsprechendem Motivationsmanagement durch die Partnerin, ist der Kochmuffel aber in der Lage, sein Repertoire enorm zu erweitern. Denn es ist ja tatsächlich möglich, mit wenigen Zutaten leckeres Essen zu kochen. Auf keinen Fall sollte die Partnerin seine etwas kümmerlichen Kochambitionen untergraben, indem sie das Kochen selbst in die Hand nimmt. Dann besteht nämlich akute Gefahr, dass aus der Kochmuffelei eine ausgewachsene → *Mahlzeitenfaulheit* wird.

Kopfhörerabszess, der

Der Kopfhörerabszess besteht aus semmelgroßen Kopfhörern, die dem Betroffenen auf den Ohren kleben, egal, wohin er geht. Aus der Entfernung erscheint der Kopfhörerabszess zwar noch recht niedlich, weil die Silhouette des Trägers an einen Pandabären erinnert. Aus der Nähe betrachtet aber beweist der Mann mit Kopfhörerabszess, dass bei ihm Musikgenuss über jedes modische Stilgefühl siegt.

Klammheimlicher Kosmetikklau, der

Beim Klammheimlichen Kosmetikklau greift der Mann unbeobachtet zu Concealer oder Make-up der Partnerin, um Rötungen oder Pickel abzudecken. Im Gegensatz zum *Cremeparasiten* (siehe auch: Dietz, *Männerkrankheiten*, Berlin 2012), der das Plündern des Cremetiegels der Partnerin offen zugibt, versucht der Kosmetikdieb, seine Macke zu vertuschen, weil jegliche Form von Schminke »total Mädchen« ist.

Da aber im Grundsatz nichts dagegen einzuwenden ist, dass auch Männern die Segnungen der kosmetischen Industrie zugutekommen (jedenfalls, wenn es darum geht, Pickel zu kaschieren), nervt die Partnerin hierbei höchstens seine Angst, es zuzugeben.

Um den Betroffenen zu kurieren, sollte die Partnerin in Zeiten männlicher Hautirritation einfach ihr Make-up verstecken. Dann kann sie ihn, wenn er mit zerfurchtem

Gesichtsausdruck aus dem Bad geschlichen kommt, ganz unschuldig fragen, ob sie ihm nicht mal ihren Concealer leihen soll, der würde Wunder wirken. So manch Betroffener geht darauf ein – und wird zeitgleich vom Klammheimlichen Kosmetikklau geheilt. Kontraproduktiv wäre nur, wenn er danach auf einmal begänne, auch Eyeliner und Mascara zu benutzen … Trotz aller Fortschritte in der Annäherung der Geschlechter sind die meisten Frauen doch immer noch wenig aufgeschlossen, wenn es um dekorative Kosmetik bei Männern geht. Es sei denn natürlich, sie verdienen ihr Geld als Rockstar. Oder heißen Johnny Depp.

Kritikimmunität, die

Während Frauen im Allgemeinen für jedwede Kritik äußerst empfänglich sind und selbst eine beiläufig hochgezogene Augenbraue oder ein ausbleibendes Kompliment für ihre neue Frisur zum Anlass nehmen, über ihr Auftreten, ihr Aussehen und überhaupt ihren ganzen Charakter nachzugrübeln, lehnen Männer mit Kritikimmunität es grundsätzlich ab, Kritik anzunehmen – und sei sie noch so konstruktiv vorgetragen.

Dabei sind es oft nicht einmal die großen Sachen, die die Partnerin nerven, sondern kleine Details. Männer mit Kritikimmunität aber fangen nicht einmal damit an, darüber *nachzudenken*, ob ihr Verhalten vielleicht verbesserungswürdig ist. Warum? Weil sie sich selbst ganz einfach superklasse finden!

Eine äußerst ermüdende und ziemlich nervige Angewohnheit, weil Betroffene der Kritikimmunität natürlich nicht einsehen, dass es ein Fehler ist, keine Kritik anzunehmen. Nicht selten neigt der Betroffene auch zur → *Selbstabsolution*. Richtig fies wird es, wenn der Mann mit Kritikimmunität zum Gegenschlag ausholt. Dann handelt es sich nämlich um einen → *Kritikinduzierten Konterangriff.*

> **Typische Anzeichen für Kritikimmunität:**
> Sie: »Ich finde, du nimmst Kritik überhaupt nicht an.«
> Er: »Stimmt gar nicht.«
> Sie: »Stimmt wohl.«

Er: »Gib mir mal ein Beispiel.«

Sie: »Immer, wenn ich dich bitte, deine Schuhe nicht herumliegen zu lassen, sagst du, ich solle mich nicht so anstellen.«

Er: »Sollst du ja auch nicht.«

Sie: »Aber mich stören die Schuhe, wenn sie im Weg liegen. Letztens wäre ich beinahe gestolpert.«

Er: »Das war doch nur, weil du zu viel geschleppt hast.«

Sie: »Aber trotzdem. Wenn die Schuhe nicht da gelegen hätten, hätte ich gar nicht stolpern können.«

Er: »Klar hättest du. Leute stolpern dauernd über ihre eigenen Füße.«

Sie (stöhnt): »Ich sag ja, du nimmst einfach keine Kritik an.«

Er: »Du doch auch nicht.«

Sie: »Tu ich wohl.«

Er: »Dann hör auf, dich anzustellen.«

Kritikinduzierter Konterreflex, der

Auch genannt *Beziehungsproblematischer Beißreflex*.

Beim Kritikinduzierten Konterreflex nimmt der Mann nicht nur keinen Vorschlag zur Verhaltenskorrektur an, sondern wertet jede noch so kleine Kritik als Attacke, die er schnellstmöglich parieren muss, indem er selbst zum Angriff auf die Kritik äußernde Person (meistens die Partnerin) übergeht. Dabei bedient sich der Betroffene entwe-

der konkreter, anlassbezogener oder pauschaler Anschuldi-
gungen, die in diesem Zusammenhang eigentlich nichts
zur Sache tun. Ganz nach dem alten Straßenkampfprinzip:
besser austeilen als einstecken, fair muss es nicht sein.

Grundsätzlich aber gilt: Seine Attacke fällt in ihrem
Ausmaß immer viel größer aus, als der von ihr vorgetrage-
ne Kritikpunkt. Dabei scheut der Betroffene weder pau-
schal herabwürdigende Beleidigungen (»Du bist einfach
eine Meckerziege«) noch das Aufwärmen von längst bei-
gelegten Streits (»Du hast letztens doch auch …«). Im
schlimmsten Fall macht sich der Betroffene zum Kom-
plizen von Leuten, mit denen die Partnerin ihrerseits
Konflikte austrägt und die er als Opfer ihrer Biestigkeit
darstellt. Er versucht auf diese Weise, ihre Stellung und
Moral endgültig zu untergraben und als eindeutiger Sieger
hervorzugehen.

Ziel des aggressiven Verhaltens ist natürlich, weitere Kritik im Keim zu ersticken, was aber nicht immer funktioniert. Was auf jeden Fall funktioniert, ist, aus einer kleinen Mücke ein Riesendrama zu machen. Denn die Partnerin wird zu den aus dem Hut gezauberten Diffamierungen sicher nicht einfach ja und amen sagen, sondern – so ungerechtfertigt attackiert – ihrerseits zurückschlagen.

Je nach Schwere des Kritikinduzierten Konterreflexes wird der Betroffene im weiteren Verlauf des Streits mit Totschlagargumenten kommen wie »Mit dir zu reden hat einfach keinen Zweck« und »Du kapierst es sowieso nicht«.

Der Kritikinduzierte Konterreflex fällt damit leider in die Kategorie *Eindeutig beziehungsgefährdende Macken.*

Typische Beispiele für Kritikinduzierten Konterreflex:

Sie: »Es wäre toll, wenn du wenigstens deinen Teller anreichen könntest, wenn ich den Tisch abräume.«
Er: »Du fühlst dich in allem überlegen, was?«

Sie: »Es nervt mich, wenn du die Zahnpastatube offen lässt.«
Er: »Ja, du nervst mich auch oft.«

Sie: »Hör mal, Schatz, könnten wir nicht heute Abend ausgehen, anstatt schon wieder fernzusehen?«
Er: »Du suchst wirklich immer einen Grund zum Motzen.«

> Sie: »Bitte achte darauf, dass du Gläser und Geschirr wegräumst, wenn du sie benutzt hast.«
>
> Er: »Kein Wunder, dass du Probleme mit deinen Kolleginnen/Freundinnen/Familie hast, so kleinkariert wie du bist.«

Küchenblockade, die

Auch genannt *Arbeitsbehinderungssucht.*

Auf die Frage »Gibt es etwas Schlimmeres als Männer, die nicht mithelfen?«, antworten die meisten Frauen ohne Nachzudenken: »Nein«.

Diese Antwort ist falsch. Denn natürlich gibt es Schlimmeres!

Nämlich Männer, die nicht mithelfen und dabei auch noch im Weg herumstehen.

Besonders eklatant wirkt sich diese Macke in der Küche aus, wenn die Partnerin mit der Essenszubereitung beschäftigt ist. Hier gibt es so viele Laufwege zu verstellen! Und was ein richtiger Küchenblockierer ist, der merkt instinktiv, wo er am meisten stört. Hat die wirbelnde Hausfrau den Küchenblockierer gerade von einem Ort verscheucht, ist sicher, dass er sich als Nächstes einen Platz aussucht, an dem er mindestens genauso stört.

Mit einem seismographischen Gespür für ihren nächsten Schritt, wechselt er vom Eingang vor die Spüle, lehnt plötzlich an der Arbeitsplatte, verstopft den Weg zum

Kühlschrank oder verdeckt den Zugang zum Vorrats-schrank – just in dem Moment, indem sie da ranmuss. Richtig begabte Küchenblockierer nutzen auch Requisiten für ihre Macke und breiten die Tageszeitung genau dann auf dem Küchentisch aus, wenn die Partnerin dort den Teig ausrollen möchte.

Abhilfe schaffen kann da nur ihre Bitte an ihn, das Zwiebelschneiden oder Möhrenschälen zu übernehmen. Dann hat sich das Problem (und sein Verursacher) nämlich meistens sehr schnell verdünnisiert.

Lebensmitteleinpackirrsinn, der

Leidet ein Mann am Lebensmitteleinpackirrsinn, ist dringend angeraten, ihn von der Einpackzone hinter der
Supermarktkasse zu verscheuchen. Zumindest, wenn man
die Tomaten oder Eier unbeschädigt wiedersehen will.
Der Mann mit Lebensmitteleinpackirrsinn stopft nämlich
alles so, wie es die Kassiererin freigibt, in die Tasche. Auf
eventuell vorhandene Empfindlichkeiten von Lebensmitteln wird keine Rücksicht genommen. So stapelt er Kon-
servendosen auf Spargel, Weinflaschen auf Joghurt-
becher, Kartoffeln auf Chips. Er steckt tiefgefrorene
Shrimps zu warmem Brot und die neue Gala zum wasser-
triefenden Salat.

Der Mann mit Lebensmitteleinpackirrsinn ist selbstverständlich auch nicht in der Lage, die Lebensmittel vorher vorausschauend nach aufsteigendem Sensibilitätsgrad auf das Band zu legen, was das optimale Einpacken hinterher wesentlich erleichtern würde.

Die Ursache ist eine allgemeine Sorglosigkeit Lebensmitteln gegenüber, weil deren Weiterverarbeitung ja sowieso in der Regel in der Hand der Frau liegt.

Löffelbeißreflex, der

Beim Löffelbeißreflex beißt der Mann genau wie beim → *Gabelbeißreflex* beim Essen herzhaft auf den Löffel, was natürlich mit einem fiesen metallischen Geräusch einhergeht. Der Löffelbeißreflex ist noch unsinniger als der Gabelbeißreflex, weil es sich beim Löffeln um Speisen mit flüssiger bis breiiger Konsistenz handelt, die ja nur mit den Lippen abgestreift und eigentlich gar nicht gekaut werden *müssten*. Der Löffelbeißreflex fällt Psychologen zufolge deswegen in die Kategorie »Demonstration archaischer männlicher Kraft«. Der Betroffene will zeigen, dass seine Beißerchen so raubtierhaft stark sind, dass sie auch Metall zermalmen könnten. Was natürlich nicht stimmt. Das wird spätestens der Zahnarzt dem Betroffenen bestätigen.

Lümmeltum, das

Das Lümmeltum ist eine der Macken, die männliche Heranwachsende bereits im Pubertätsalter befallen.

Es äußert sich in flegelhaftem Benehmen und allgemeiner Respektlosigkeit, die meist mit dem Produzieren von Lärm, Müll, Gestank und verbalen Frechheiten einhergeht.

Den Lümmel erkennt man dabei oft schon lange vor irgendwelchen Tätlichkeiten an seiner Körperhaltung. Im Sitzen ist der Lümmel darauf bedacht, immer möglichst viel Platz einzunehmen. Dazu streckt er seine langen Gräten voll aus, gerne auch breitbeinig – und zwar ungeachtet der Platzverhältnisse und der Bedürfnisse anderer. Für seine Füße bevorzugt er eine höhergelegene Position, besonders Bussitze, Parkbänke, Tische und anderes, nicht für dreckige Latschen vorgesehenes Mobiliar.

Im Stehen offenbart sich der Lümmel in dem Moment gnadenlos, in dem er auf irgendeine Verfehlung angesprochen wird. Beim Lümmeltum gilt nämlich die Devise: Kleinlaut war gestern. Großkotz rules! Erst versucht der Lümmel, seine bereits vorhandene oder sich irgendwann entwickelnde körperliche Überlegenheit darzustellen. Er reckt das Kinn und streckt die Hühnerbrust heraus, ein spöttisches Grinsen umspielt seine Mundwinkel, und an seinen Augen erkennt man, dass die kleinen grauen Zellen rattern, aber nie weiter kommen als bis zu dem Gedanken: Mir doch egal. Was er dann auch verbal äußern wird, wenn auch vielleicht nicht ganz so eloquent.

Das lümmelige Verhalten ist als eine Art Imponiergehabe-Testlauf zu verstehen, ausgelöst von einer überschießenden Testosteronproduktion, die zu einer vorübergehenden Schwachsinnigkeit führt und den Lümmel zu der Überzeugung veranlasst, dass er sich von niemandem mehr etwas sagen lassen muss. Und schon mal gar nicht von Frauen. Oder Jüngeren. Oder Opas. Lümmeltum verheilt in der Regel dann, und auch noch sehr schnell, wenn ein echter Mann auftaucht und dem Lümmel droht, die Ohren langzuziehen, wenn er sich nicht sofort benimmt.

Das Lümmeltum wächst sich meistens gegen Ende der Teenagerzeit aus, kann aber unbehandelt auch ins → *Rüpeltum* übergehen, der etwas derberen, erwachsenen Variante des Lümmeltums.

Mackertum, das

Das Mackertum bezeichnet die Zurschaustellung einer vermeintlichen männlichen Überlegenheit ohne die unverhohlen streitsüchtige Komponente des → *Rüpeltums*. Das Mackertum setzt nämlich auf demonstrative Coolness, die oft aber durchaus auf einer körperlichen Wehrhaftigkeit beruhen kann, welche im Zweifelsfall auch bewiesen werden könnte. Der Macker hat es aber am liebsten, wenn seine Chefposition einfach von allen anerkannt wird, ohne dass er zuschlagen muss. Dazu ist es vonnöten, den Macker auch raushängen zu lassen, sprich: sich durch nonverbale Kommunikation die Alphastellung zu sichern. Den Macker erkennt man vor allem an seinem wiegenden Schlendergang mit leicht vom Körper ausgestellten Armen. Wenn er im Auto sitzt, lässt er bevorzugt eine Hand aus dem Fenster baumeln. Gerne schmückt sich der Macker mit Accessoires, die in seiner Peergroup gerade angesagt sind, und möglichst hübschen und/oder möglichst knapp bekleideten Frauen, die als Statussymbol seiner Macht dienen. In diesem Zusammenhang ist der Verweis auf Hip-Hop-Videos angebracht, in denen sich einige Hohepriester des Mackertums tummeln.

Natürlich kann beim Aufeinandertreffen mehrerer Macker eine gewisse Rivalität aufkeimen, die sich in einer eventuellen Auseinandersetzung entlädt. Aber oft zeigen sich Macker untereinander solidarisch und bestätigen sich gegenseitig ihre Chefpositionen, weil es sonst vielleicht kein anderer tut. Das Mackertum tritt dabei nur vor Publikum auf, weil es ansonsten einfach keinen Sinn macht.

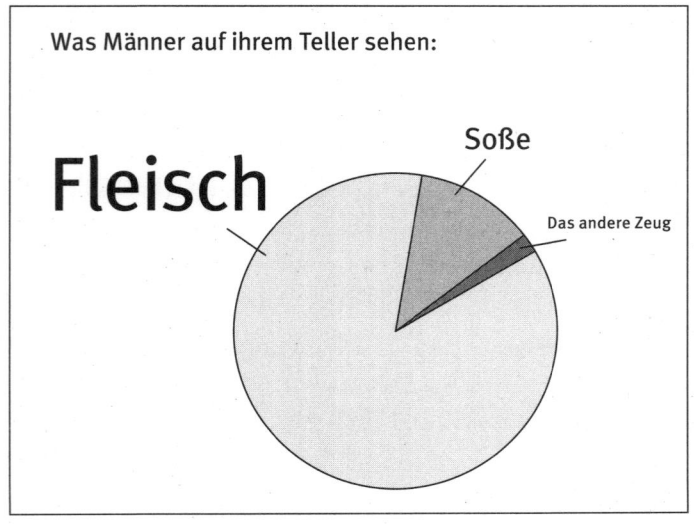

Was Männer auf ihrem Teller sehen:

Soße

Fleisch

Das andere Zeug

Mahlzeitenfaulheit, die

Betroffene dieser Krankheit sind nicht bereit, für die Zubereitung von Mahlzeiten mehr als ein paar Handgriffe aufzubringen. Während die → *Kochmuffelei* noch einen gewissen Charme aufweist, weil der Mann sich immerhin mit der eigenhändigen Essenszubereitung auseinandersetzt, ist die Mahlzeitenfaulheit schlicht unattraktiv. Hier siegt Arbeitsscheu über jeglichen Geschmackssinn, sofortige Verfügbarkeit ist Trumpf.

Ursache ist eine Hungerintoleranz, die einen Bedürfnisaufschub unmöglich macht, bei gleichzeitiger Geschmacksnervenapathie. Die dehnt sich im Laufe der Krankheit weiter aus, bis die Geschmacksnerven irgendwann derart abgestumpft sind, dass dem Betroffenen selbst Krankenhausessen wie Haute Cuisine vorkommt.

Anfangs ist die Mikrowelle noch das wichtigste Küchengerät des Mahlzeitenfaulenzers, mit Fortschreiten der Krankheit wird aber sogar das Einstellen der Uhr und das Warten auf das ersehnte *Ping!* zu viel. In diesem Stadium der Krankheit gehen Betroffene dazu über, den mexikanischen Feuertopf lieber gleich kalt aus der Dose zu löffeln. Das Kochen von Tortellini vor dem Verzehr halten sie für überflüssig, auch Brotschmieren ist schon zu viel der Anstrengung, stattdessen reißen sie lieber eine Tüte Chips auf. In der Regel ist das der Zeitpunkt, an dem der Imbissmann, der nur einmal im Monat die Schürze wechselt (im gleichen Rhythmus wie das Frittierfett), zum besten Freund des Betroffenen wird.

Völlig anders ist die Situation natürlich, wenn der Mahlzeitenfaulenzer über eine fürsorgliche Partnerin verfügt. Da bei regelmäßiger Versorgung mit selbstgekochtem Essen der Geschmacksnervenverkalkung vorgebeugt wird, sieht der Betroffene durchaus ein, dass es sich lohnt, für eine leckere Mahlzeit viel Zeit in der Küche zu verbringen. Solange er es nicht selbst tun muss.

Eine Unterform ist die → *Mahlzeitenungeduld*.

Mahlzeitenspezifische Gesprächsthemenunsensibilität, die

Bei der Mahlzeitenspezifischen Gesprächsthemenunsensibilität schafft es der Mann mit Leichtigkeit, dem Gegenüber mit unpassender Themenwahl den Appetit zu verderben. Während man dem Betroffenen normalerweise jeden Satz aus der Nase ziehen muss, gerät er plötzlich ins Plaudern, wenn es um bei Tisch völlig deplatzierte Storys geht.

Kaum hat man sich zum Essen hingesetzt, hält er den Zeitpunkt für gekommen, sein Wissen über Fadenwürmer in Fisch preiszugeben, über das Ärgernis der Verbreitung von Hundekot auf dem Gehweg zu diskutieren oder detailreich den eitrigen Hautausschlag des Kollegen zu beschreiben. Sehr gerne veranschaulicht er in einem blumigen Referat seine wilde Jugend, was zwangsläufig in einer Aneinanderreihung von Kotzgeschichten endet. Mit Räuspern und eindringlichen Blicken ist dem Betroffenen von Mahlzeitenspezifischer Gesprächsthemenunsensibilität übrigens nicht beizukommen. Es müssen schon schwerere Geschütze aufgefahren werden. Zum Beispiel das Drohen mit der erneuten Wiedergabe der kompletten Trennungsgeschichte von Rolf und Nicole oder der letzten Folge von *Die Geissens* inklusive wörtlicher Zitate – wenn er nicht sofort die Klappe hält.

Mahlzeitenungeduld, die

Die Mahlzeitenungeduld äußert sich darin, dass der Betroffene keinerlei Toleranz gegenüber Nahrungsmitteln aufbringt, deren Verzehr eine gewisse Fingerfertigkeit voraussetzt. Eine Schlüsselrolle kommt hierbei Meeresfrüchten zu wie Krebsen, Fisch (außer 100 Prozent grätenfreies Filet und Fischstäbchen natürlich), Muscheln, Shrimps und Hummer, den man sogar mit Spezialbesteck bearbeiten muss! Einen solchen Aufwand zu betreiben, empfindet der Mann mit Mahlzeitenungeduld als idiotisch, wo es doch auch Hackbraten geben könnte.

Auch bei eigentlich einfach zu handhabendem Brotbelag wie Räucherlachs oder Parmaschinken verliert der Mahlzeitenungeduldige schnell die Fassung, wenn nämlich die hauchdünnen Scheiben ein bisschen aneinanderkleben. Hier wird der Betroffene nicht etwa mit Umsicht zu Werke gehen und sie vorsichtig scheibenweise auseinanderfummeln, sondern sie einfach mit der Gabel, vermutlich aber eher mit den Fingern, zerrupfen. Wenn der Rest nachher aussieht, als hätten die Geier darin herumgehackt, schiebt er die Schuld auf die Deppen, die das Zeug so dämlich verpackt haben.

Pellkartoffeln isst er immer mit Schale, Wassermelonenkerne zermalmt er, um sie nicht herauspulen zu müssen, und eine luftgetrocknete Salami droht er wegzuschmeißen, wenn die Pelle nur mühsam zu entfernen ist – was die Partnerin natürlich verhindert, indem *sie* sich der lästigen Aufgabe stellt und dem Betroffenen mundgerechte Stücke serviert. Wenn er darauf besteht, Spaghetti nur noch geschnitten zu essen, weil ihm das Aufrollen zu lange dauert, ist der Zeitpunkt gekommen, sich professionelle Hilfe zu holen.

Männerabendsyndrom, das

Das Männerabendsyndrom ist eine entwicklungspsychologische Besonderheit, bei der Männer sich durch die Gesellschaft von alten Kumpels in rasendem Tempo zurückentwickeln ins Stadium einer Altersstufe, in der als einzig relevante Benimmregel galt, nicht ins Auto zu kotzen. Infantiles bis juvenil-debiles Verhalten dominiert und bringt Männer im besten Alter dazu,

a) die Vernunft als das am meisten überbewertete philosophische Konzept zu erklären,
b) jeglichen Gedanken an Grammatik, Semantik und Relevanz von Gesprächsbeiträgen zu verwerfen und einfach nur Blödsinn zu labern,
c) wie ein Dreikäsehoch über jeden Rülpser und jeden Furz zu lachen (und davon gibt es beim Männerabend jede Menge!),

d) sich in blamablen Posen selbst zu fotografieren oder fotografieren zu lassen,

e) Fastfood und/oder schieres Fleisch in wahnwitzigem Ausmaß in sich hineinzustopfen,

aber vor allem:

f) Alkohol in gesundheitsschädlichen Mengen zu konsumieren, gerne auch unter Anwendung von schwachsinnigen Saufspielen.

Je nach Verlauf (und Promillepegel) kommen manche Betroffene auch auf die Idee, es sei mal wieder an der Zeit, irgendwem einen pubertär-dämlichen Streich zu spielen und/oder einer latenten Zerstörungswut freien Lauf zu lassen und öffentliche Bushaltestellen und Mülleimer oder das Interieur des Kumpels, der so leichtsinnig war, seine Wohnung für diesen Anlass zur Verfügung zu stellen, zu demolieren. Dies führt zu Sternstunden der Geselligkeit, aber manchmal auch zu einem ausgewachsenen Ärger mit Behörden, Nachbarn, Anwohnern, aber vor allem mit den Partnerinnen.

Das Männerabendsyndrom ist nach wissenschaftlichen Erkenntnissen dennoch eine der Macken, die sich in regelmäßigen, von der Toleranz der Partnerin abhängigen Abständen äußerst positiv auf das Wohlbefinden des Betroffenen auswirken.

Männliche Begeisterungsfähigkeit, die

Die Männliche Begeisterungsfähigkeit bezeichnet ein für normale Verhältnisse völlig untypisches und geradezu irrationales Engagement eines Mannes für eine bestimmte Sache. Sie bricht dabei meistens hervor, wenn es um Freizeitaktivitäten von besonderem Abenteuercharakter geht. Während der Betroffene das ganze Jahr über mehr oder weniger ans Sofa gefesselt zu sein scheint, sprüht er plötzlich vor Leidenschaft, wenn es um einen Trip nach Alaska oder auf die Galapagosinseln, einen Tauchkurs oder Segeltörn oder sonst irgendeine vernunftwidrige Aktivität geht. Da wälzt er stundenlang Reiseführer, Sportanleitungen und Naturbildbände und bereitet sich akribisch vor. Besonders fiebrig macht ihn die Aussicht auf die benötigte Spezialausrüstung, die er dann gerne im profitauglichen Ausmaß kauft, wo er sonst bei jedem Restaurantbesuch knausert.

Männlicher Begrüßungsirrsinn, der

Der Männliche Begrüßungsirrsinn umfasst eine Vielzahl von Symptomen, die bei Zusammenkünften von Männern auftreten können und die nicht selten in eine rituelle Kampfhandlung münden. Typisch für Männlichen Begrüßungsirrsinn sind:

a) ausgeklügelte Hand-Faust-Choreografien,

b) High five in der Absicht, dem anderen weh zu tun,

c) angedeutete Umarmung (Schulter an Schulter), wobei als einzige Berührung kräftige Schläge zwischen die Schulterblätter des anderen ausgeführt werden,

d) Smacktalk, bei dem man sich Beleidigungen entgegen-schleudert wie »Alter, du siehst ja heute scheiße aus!« oder »Du wirst auch immer fetter!« oder schlicht: »Mann, geh kacken!«,

e) stumpfes gegenseitiges Boxen auf den Oberarm,

f) Schattenboxen oder Schatten-Kung-Fu, häufig über-gehend in einen angedeuteten Faust- oder Ringkampf, der je nach Geisteszustand der Betroffenen durchaus ernste Züge annehmen kann, bis Passanten oder Part-nerinnen die Streithähne trennen müssen.

Für Frauen, die auch gerne Rivalinnen und andere Fein-dinnen mit Küsschen und vor Honigsüße triefender Stim-me begrüßen, ist jegliche Form des Männlichen Begrü-ßungsirrsinns äußerst befremdlich. Da die Frauen selbst aber nicht persönlich betroffen sind, fällt diese Absonderheit in die Kategorie der *Sehenswerten Männermacken von besonderer Faszination*.

Maskuline Bequemlichkeitsblindheit, die

Die Maskuline Bequemlichkeitsblindheit ist eine besonders schwere Form der *Häuslichen Orientierungslosigkeit* (siehe auch: Dietz, *Männerkrankheiten*, Berlin 2012), bei der der Mann auch Dinge nicht zu sehen vermag, die sich direkt vor seiner Nase oder an ihrem natürlichen Stammplatz befinden. Egal, ob Zuckerdose neben seiner Tasse, Butter genau vor seinem Teller oder Milch im Kühlschrank: Er schafft es auch auf kürzeste Distanz nicht, die gesuchten Dinge zu finden.

Wichtiges Symptom bei der Maskulinen Bequemlichkeitsblindheit ist – wie auch bei der Häuslichen Orientierungslosigkeit – das reflexhafte Fragen: »Wo ist das?«

Auf die Erwiderung: »Da steht es doch«, wird er in hartnäckigen Fällen mit der Behauptung kontern: »Sehe ich nicht.«

Die Ursachenforschung steht hier noch am Anfang, aber es wird vermutet, dass auch diese Macke dem Zweck seiner Entlastung dient und er hofft, dass seine Partnerin ihm auch noch die Butter reicht, obwohl er doch nur seine Hand danach ausstrecken müsste.

Morbus Capsaicin

Auch genannt *Chili-Fieber, Autoaggressives Geschmacks-nervenmassaker, Sambal-Oelek-Sucht, Tabasco-Fimmel, Vin-daloo-Wahnsinn* und *Zungen-Masochismus.*

Diese Krankheit ist benannt nach Capsaicin, dem Stoff, der Chili scharf macht. Je mehr Capsaicin in einer Schote enthalten ist, desto Hammer. Da Chilis nicht die Geschmackszellen, sondern die Schmerzzellen reizen, sind sie natürlich ein gefundenes Fressen für harte Kerle.

Betroffene von Morbus Capsaicin sind dabei regelrecht davon besessen, ihre Toleranz für Chili immer weiter zu steigern. Dazu erhöhen sie schrittweise die Dosis in ihrem

Essen, bis sie irgendwann mit stolzgeschwellter Brust
beim Inder um die Ecke »extrascharf« bestellen können.
Und egal, was dann passiert: Sie behaupten während des
Essens, es wäre alles bestens und verziehen keine Miene.
Beziehungsweise sie versuchen es zumindest. Ob ihnen
der Schweiß aus allen Poren rinnt, eine verräterische
Rötung von Zungen- und Lippenpartie auftritt oder sie
gar nicht genug trinken können, um ihren Brand zu lö-
schen: Der Mann mit Morbus Capsaicin wird niemals
zugeben, dass es vielleicht doch ein Tick zu scharf war.
Besonders verheerend ist das Aufeinandertreffen zweier
Betroffener, da sie natürlich versuchen werden, sich gegenseitig in ihrem Chili-Konsum zu übertreffen. Da Capsaicin nicht wasserlöslich ist, müssen die beiden Kontra-

henten anschließend zwangsläufig zum Alkohol greifen, um die Schärfe zu mildern.

Angestachelt wird Morbus Capsaicin durch zahlreiche Chili-Wettessen rund um den Globus, bei denen sich Betroffene offiziell in der Menge und Schärfe von zu verzehrendem Chili zu übertreffen suchen. Was ungefähr genauso sinnvoll ist, wie auszuprobieren, wie tief man ein Messer in die Haut stechen kann, bis es blutet.

Das Beruhigende ist dabei aber, dass die Macke Morbus Capsaicin zwar äußerst merkwürdig ist, aber offensichtlich bis zu einem gewissen Maß nicht gesundheitsschädlich. Diverse Wissenschaftler haben sich mit dem Scharfmacher beschäftigt und angeblich sogar zahlreiche gesundheitsfördernde Wirkungen entdeckt. Jedenfalls, solange man es nicht übertreibt. Nicht wahr, Stefan Mross?

Musiksnobismus, der

Auch genannt *High Fidelity* (nach dem gleichnamigen Roman von Nick Hornby).

Der typische Musiksnob ist männlich. Ihn zeichnet aus, dass er besessen ist von seinem eigenen Musikgeschmack, der seiner Meinung nach der beste auf der Welt ist. Weil er der Einzige ist, der sich überhaupt eine Meinung erlauben kann, denn schließlich hat er als Einziger richtig Ahnung. Selbstverständlich verbringt er einen Großteil seiner Freizeit mit dem Lauschen von Musik, dem Lesen über Musik und dem Besuch von Konzerten.

Den *Rolling Stone* und die *Spex* hält er dabei für die wichtigsten Informationsmedien aller Zeiten, noch elitärer sind natürlich englischsprachige Musikmagazine.

Der Musiksnob kann dabei Vertreter jeder Musikrichtung mögen. Jedenfalls, solange sie unbekannt sind. Wie ein Goldsucher durchforstet er das Internet auf der Suche nach neuen Bands und Musikern, deren Entdeckung er sich später auf die Fahne schreiben kann. Sobald aber eine seiner favorisierten Bands eine Chartplatzierung erreicht oder ihre Lieder im Radio gespielt werden, wandelt sich seine Begeisterung automatisch in Ablehnung. Denn nichts ist dem Musiksnob verhasster, als Teil der Masse zu sein, die Musik nur »stumpf konsumiert« und ihre Lieblingsbands aus den Charts rekrutiert. Wird er zu der Erfolgsband befragt, fallen garantiert Bemerkungen wie »die sind auch nicht mehr die, die sie mal waren«, und jedem, der es nicht wissen will, wird er erklären, dass er die Band schon kannte, laaange bevor sie bekannt war. Hört er die Band trotz ihres Erfolges noch immer, dann aber nur auf einer extrem seltenen Bootleg-Rarität.

Ausnahmen von dieser für den Musiksnob typischen Chartplatzierungs-Disqualifikation bilden nur eine Handvoll Musiker, deren Verehrung ungeachtet ihres Welterfolges für den Musiksnob opportun ist, wie im Falle von Johnny Cash, Bob Dylan, Eric Clapton, Jimi Hendrix oder auch Bruce Springsteen.

Selbstverständlich hat der Musiksnob eigene Top-100-Listen mit den besten Gitarristen der Welt, den besten Schlagzeugern der Welt, den besten Singer-Song-writern aller Zeiten etc. zusammengestellt, die er auch gerne schriftlich oder mündlich publiziert und an deren Rangfolge er keinerlei Kritik zulässt.

Ein weiteres Symptom des Musiksnobismus' ist der → *Vinylismus*.

Mutterspezifische Ikonisierung, die

Auch genannt *Fortgeschrittenes Muttersöhnchentum*.

Bei der Mutterspezifischen Ikonisierung hat der Betroffene eine klare Reihenfolge seiner Lieblingsfrauen. Auf Platz 1 ist seine Mutter. Unangefochten und für alle Zeiten. Weitere Platzierungen gibt es nicht. Natürlich kann auch ein Betroffener der Mutterspezifischen Ikonisierung eine Partnerin haben, aber nur, wenn seine Mutter diese Verbindung abgesegnet hat. Die Partnerin wird aber aus seiner Sicht seiner Mutter nie und nimmer das Wasser reichen können, was sich auf Dauer als ein klitzekleines bisschen beziehungshinderlich auswirken kann. Jeden Ratschlag der Mutterikone beherzigt der Betroffene, jegliche Kritik an ihr blockt er ab. Falls er es nicht irgendwann schafft, sich aus dieser unheilvollen Allianz zu lösen, lebt der Betroffene im Endstadium in einer mehr oder weniger symbiotischen Beziehung zu seiner Mutter, weil niemand anderes es mit ihm aushält.

Mutterspezifisches Konkurrenzschüren, das

Beim Mutterspezifischen Konkurrenzschüren versucht der Betroffene, seine Partnerin im Haushalt zu Höchstleistungen anzustacheln, indem er sie ständig mit seiner Mutter vergleicht. Dazu macht er beiläufig Bemerkungen, wie gut die Rouladen seiner Mutti doch schmecken, wie frisch die Wäsche duftet, wenn seine Mutti sie wäscht, und wie akkurat Mutti seine Hemden bügelt und dass sie ihm ja auch immer die Schuhe geputzt hat. Diese völlig unaufgefordert ausgesendeten Informationen äußert der Betroffene natürlich aus einem Grund: um die Partnerin indirekt aufzufordern, all das bitte schön doch auch für ihn zu tun. Diesem Anspruchsdenken sollte die Partnerin deswegen von Anfang an einen Riegel vorschieben und ihm sagen, dass er gerne zu seiner Mutter zurückziehen kann, wenn es ihm dort wirklich besser gefällt.

Nachwürzreflex, der

Der Nachwürzreflex ist bei Männern zu diagnostizieren, die automatisch zum Salzstreuer greifen, noch bevor sie das Essen überhaupt probiert haben. Hinweise, sie sollten doch erst einmal kosten, tun sie ab, indem sie behaupten: »Ich weiß doch, dass da Salz fehlt.« Was natürlich stimmt, wenn man sich an Salz in Überdosierung gewöhnt hat. Dem Nachwürzreflex kann natürlich auch mit Pfeffer oder Chili (→ *Morbus Capsaicin*) nachgekommen werden. Erstaunlicherweise betrifft er nie frische Kräuter wie Basilikum oder Petersilie. Auf dieses Grünzeug kann selbst ein chronisch vom Nachwürzreflex Betroffener gerne verzichten.

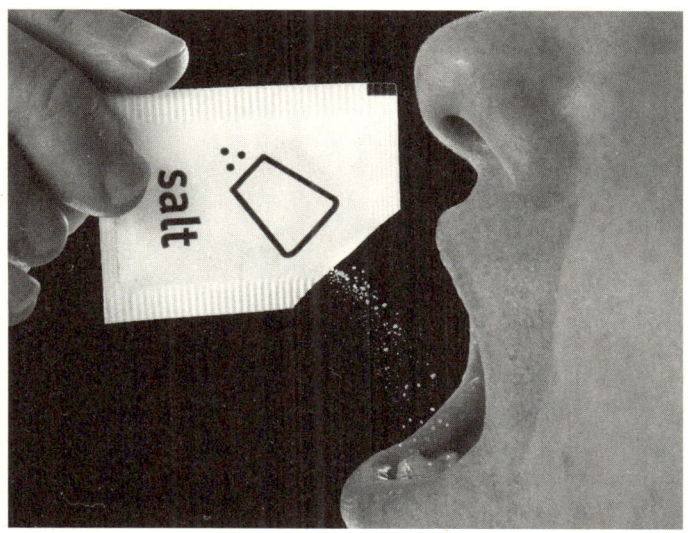

Nagelpflegewahnsinn, der

Zur falschen Zeit am falschen Ort – das ist eines der häufigsten Probleme, wenn Männer mit Nagelpflegewahnsinn sich zur Mani- und Pediküre entscheiden. Da kann es nämlich vorkommen, dass sie das Wohnzimmer oder die Küche als Vollzugsort wählen und sich auch nicht davon abhalten lassen, wenn die Partnerin gerade mit der Essenszubereitung zugange ist.

Weitere Symptome des Nagelpflegewahnsinns können sein:

a) Unkontrolliertes Nägelabsprengen mit dem Nagelknipser, was zu einer Verteilung von Finger- und Fußnägeln im ganzen Raum führt.

b) Nagelscheren und anderes Werkzeug für verzichtbar erklären und die Nägel mit den Fingern oder Zähnen abbeißen und -reißen.

c) Das Herauspulen von Trauerrändern unter den Nägeln, während sie ihm gerade von ihrem köstlichen Mittagessen berichtet.

Zum Glück ist der Nagelpflegewahnsinn nicht allzu häufig zu beobachten. Wenn er aber auftritt, ist er eine der wirklich unappetitlichen Männermacken.

Navigationsbedingte Unkonzentriertheit, die

Während der Fahrer früher auf die Straße geguckt hat, um zu sehen, wohin er fährt, schaut er heute auf sein Navi. Dem Mann mit Navigationsbedingter Unkonzentriertheit reicht dabei aber ein kurzer Blick auf das Navigationsgerät nicht aus, denn er will nicht nur den Weg finden, sondern nebenbei das Gerät während der Fahrt optimieren, umprogrammieren oder sonst wie bearbeiten.

Dabei tritt das äußerst gefährliche Multitasking auf. Denn der Mann muss plötzlich zwei Dinge gleichzeitig machen: am Navi fummeln und die Partnerin anmotzen, die es gewagt hat, ihn wegen seiner Unkonzentriertheit zu kritisieren. Der entgegnet er, er habe natürlich alles im Griff, das mache er schließlich jeden Tag. Mit dem kleinen Rest seiner Aufmerksamkeit steuert er das Auto durch den Verkehr. Jedenfalls so lange, bis es kracht.

Niesindiskretion, die

Männer mit Niesindiskretion posaunen jeden Nieser wie ein freudiges Ereignis in die Welt hinaus, anstatt den Bazillensprühregen diskret in die Hand, den Ärmel oder gar ein Taschentuch zu befördern. Manche schwer Betroffenen scheuen auch nicht vor dem sogenannten Niesvulkan zurück, bei dem aus unerfindlichen Gründen bei der Aktion das Gesicht nach oben gereckt wird, um eine regelrechte Fontäne auszustoßen.

Olfaktorischer Nahrungsmittel-
überprüfungszwang, der

Der Olfaktorische Nahrungsmittelüberprüfungszwang ist definiert als automatisches Beschnüffeln von Lebensmitteln vor dem Verzehr. Dabei ist es gleichgültig, ob der Frischkäse schon seit Wochen im Kühlschrank vor sich hingammelt oder ob die Partnerin ihn gerade vor den Augen des Betroffenen aufgerissen hat – der Mann muss sich mit seinem Riechkolben von der geruchlichen Beschaffenheit des Lebensmittels überzeugen. Dies ist eine ziemlich irritierende Angewohnheit, denn natürlich überprüft er mit der Nase nicht nur die Lebensmittel aus dem Kühlschrank, sondern auch die, die die Partnerin ihm im gekochten oder anders zubereiteten Zustand vorsetzt. Dabei macht er ein so skeptisches Gesicht, dass die Köchin einen Schrecken bekommt und sich fragt, ob mit dem Essen alles in Ordnung sei. Mit dem Essen ist alles in Ordnung. Nur mit dem Mann eben manchmal nicht …

Parkplatznahkampf, der

Der Parkplatznahkampf äußert sich im wahnwitzigen Bestreben, möglichst nah am Veranstaltungsort zu parken, am besten direkt vor der Tür. Das zu erreichen, ist bei Großveranstaltungen oder Festivitäten mitten in der Innenstadt natürlich ungefähr so wahrscheinlich, wie eine Valentinskarte von Bradley Cooper zu bekommen. Frauen wissen das und geben sich mit einem Parkplatz in Spaziernähe zufrieden. Männer wissen das auch. Aber sie geben sich natürlich nicht zufrieden. Wahrscheinlichkeitsrechnung ist ihnen schnuppe. Ist doch noch lange kein Grund, es nicht zu probieren! Heißt ja nicht umsonst Parkplatznahkampf. Der ist übrigens einer der häufigsten Gründe für einen Beziehungsstreit kurz vor einer Abendeinladung/Restaurantbesuch/sonstigen Veranstaltung.

Der Startschuss für den Parkplatznahkampf fällt, wenn der Fahrer von der Hauptstraße abbiegt und den fußläufigen Radius um das Ziel erreicht hat. Die vorausschauende Beifahrerin hält die Augen offen und weist den Mann dezent auf Parklücken hin, woraufhin er sie rigoros mit »Hier park ich nicht« oder »Viel zu weit weg« abkanzelt.

Völlig parkplatzlos vor dem Veranstaltungsort angekommen, wird er vermutlich Sätze murmeln wie »Haben heute alle Vollpfosten Ausgang, oder warum ist so viel los?« oder »Möchte mal wissen, was die alle hier wollen«.

Das sind natürlich rein rhetorische Fragen, die die Partnerin geflissentlich überhören sollte, wenn der Streit nicht jetzt schon losgehen soll. Dazu hat man nämlich später noch genug Gelegenheit. Der Mann im Parkplatznahkampf wird den nahen fußläufigen Radius auch in den nächsten zehn bis zwanzig Minuten sternförmig durchfahren, da er weiterhin nur Entfernungen im unteren dreistelligen Meterbereich für akzeptabel hält. In diesem Moment könnte es sein, dass die Partnerin zum ersten Mal erwähnt, dass man schon längst da wäre, wenn man einen Parkplatz etwas weiter weg genommen hätte, was der Fahrer natürlich als Kritik auffasst und damit als willkommenen Anlass für eine persönliche Attacke seinerseits. Die atmosphärischen Spannungen im Wageninnern nehmen jetzt deutlich zu.

Allerspätestens zum Zeitpunkt des Veranstaltungsbeginns oder des vereinbarten Treffens werden erfahrungsgemäß die ersten Verbalinjurien ausgetauscht. Wenn der Mann die Nörgeleien seiner Partnerin satthat, ist es möglich, dass er nach zwei bis drei weiteren Runden doch einen Funken Verstand beweist und den Umkreis erweitert. Nun besteht beziehungstechnisch Explosionsgefahr! Denn die Lücken, auf die die Partnerin vor zwanzig Minuten hingewiesen hat, sind natürlich längst besetzt. Aber bevor der Mann eine Niederlage eingesteht, wird er weiter seine Runden drehen. »Irgendwann muss einer wegfahren«, murmelt er mantramäßig, was auf der ganzen Welt nur eine Handvoll zen-buddhistisch geschulter Frauen ertragen können. Alle anderen sollten ihren Mann einfach zum Sieger erklären und sich vor dem Veranstaltungsort absetzen lassen, um schon mal vorzugehen. Spätestens nach Ende des Konzerts/der Party wird er seinen Präsidentenparkplatz vor der Tür gefunden haben. Und dann wird auch die Partnerin froh sein, dass sie auf ihren müden Füßen nicht mehr weit laufen muss und ihm für seinen unermüdlichen Einsatz danken.

Partnerinnenspezifisches Desinteresse, das

Das Partnerinnenspezifische Desinteresse ist eine Art selektive *Maulfaulheit* (siehe auch: Dietz, *Männerkrankheiten*, Berlin 2012), bei der Mann es nicht für nötig hält, seine Partnerin nach ihrem Befinden oder ihrem Tag zu fragen. Ihn interessiert offensichtlich auch nicht, wie es beim Shoppen oder beim Mädelsabend war. Wenn sie anfängt, von selbst darüber zu sprechen, wendet er sich seinem Smartphone zu und murmelt »Mmmhhh« vor sich hin.

»Ist doch eh immer das Gleiche«, rechtfertigt er sich, wenn sie ihm sein ignorantes Verhalten vorhält. Aber wehe, in derselben Minute ruft sein Kumpel an, um mit ihm über das Spiel seiner Fußballmannschaft zu reden – da kriegt er auf einmal einen Laberflash sondergleichen und will die Meinung seines Gesprächspartners bis ins letzte Detail wissen. Bei chronischem Partnerinnenspezifischen Desinteresse sollte die Partnerin sich vielleicht ein nettes Hobby zulegen, das sie mit attraktiven männlichen Zeitgenossen teilt. Könnte sein, dass der Betroffene plötzlich doch Interesse an ihrer Freizeitgestaltung entwickelt! Und haarklein wissen will, wie es beim Tangokurs des heißblütigen argentinischen Tanzlehrers war.

Phantomjucken, das

Das Phantomjucken äußert sich in einem unwiderstehlichen Juckreiz, der Stellen am ganzen Körper betreffen kann und dem der Betroffene einfach nachgeben muss – und zwar ungeachtet der geografischen Lage des aktuell juckenden Krisenherds und der Anwesenheit anderer Personen. Den Betroffenen des Phantomjuckens erkennt man daran, dass er sich andauernd an den verschiedensten Körperregionen kratzt: im Gesicht, am Kopf, unter der Achsel, am Arm, im Schritt, am Hintern. Wobei er nicht selten erleichternde Laute wie »Ahhh!« absondert. Im weiteren Verlauf des Phantomjuckens kommt es vor, dass dem Betroffenen die Wirkung des Kratzens mit der Hand nicht mehr ausreicht. Dann zweckentfremdet er gerne Gerätschaften mit Spitzen, Zinken oder anderen scharfen Kanten, um sich noch effektvoller kratzen zu können, was auf Anwesende befremdlich bis abstoßend wirken kann. Besonders, wenn er Gabeln oder Löffelgriffe für Kratzorgien am Tisch benutzt. Spätestens jetzt

sollte die Partnerin für den Betroffenen einen Quarantäne-
aufenthalt in Erwägung ziehen und ihm ein stilles Käm-
merlein zuweisen, in dem er in Ruhe seiner Macke nach-
gehen kann.

Pingeligkeit, die

Ein kleiner Teil der Männer leidet nicht unter Schmutzblindheit, sondern an ihrem Gegenteil: Mit einer Genauig-
keit, die an Asperger-Patienten erinnert, bemerkt er
kleinste Abweichungen vom normalen Standard, egal ob
beim Essen oder bezüglich der Sauberkeit der Wohnung.
Diese Abweichungen wird er sich nicht scheuen, seiner
Partnerin vorzuhalten und auf diese Weise versuchen,
den gewünschten Zustand so schnell wie möglich wieder-
herzustellen.

Auf Hinweise, dass zum Beispiel selbstgekochtes Essen nun mal aufgrund vielfältiger Faktoren nicht immer einhundert Prozent gleich schmecken kann, oder in Phasen der beruflichen Überlastung, in denen die Hausarbeit brachliegt, reagiert der pingelige Mann mit Unverständnis. Und das unabhängig davon, ob er selbst willens und in der Lage ist, all das, was er gerne hätte, selbst umzusetzen. Denn nicht selten sind die Betroffenen der Pingeligkeit zwar spitze darin, negative Veränderungen zu bemerken, nicht aber darin, sie selbst zu beheben. In Fällen, in denen der Betroffene nur meckert und nicht etwa mit anpackt, führt das die Partnerin natürlich äußerst schnell an die Grenzen ihrer Belastbarkeit, aber vor allem ihrer Geduld.

Rührseligkeitsaversion, die

Die Rührseligkeitsaversion betrifft viele Männer und bezeichnet die männliche Intoleranz gegenüber sentimentalen Stimmungen, die entweder durch mediale oder kulturelle Ereignisse (Film, Konzert, Theater, Oper), Naturschauspiele (Sonnenuntergang am Strand, Sternschnuppenregen) oder durch persönlichen Vortrag (zum Beispiel selbstgeschriebene Liebesgedichte) ausgelöst wird. Die Rührseligkeitsaversion äußert sich dann in plötzlich auftretendem Bewegungsdrang, anarchischen Kommentaren, Anfällen von völlig unpassender Heiterkeit inklusive dem Absondern von dämlichen Witzen und möglichst geräuschvollen gasförmigen Körperausscheidungen. All diese Reaktionen bewirken leider, dass die Partnerin unmittelbar aus ihrem wunderbar ergreifenden emotionalen Hochgefühl herausgerissen wird.

Typische Beispiele für Rührseligkeitsaversion

1. Die Sopranistin setzt zum Finale ihrer herzzerrei-ßenden Arie an, die Frau bekommt Gänsehaut am ganzen Körper.

Ihr Mann sagt: »Die ist echt klasse.«

Pause. »Die könnte ich mir gut in einem Porno vorstellen.«

Die Frau starrt ihn entsetzt an.

Er: »Was denn? Ist doch klar – bei dem Resonanz-körper!«

2. Happy End im Film, der Hauptdarsteller fällt auf die Knie und hält um die Hand seiner Angebeteten an, dem gesamten weiblichen Publikum schießen die Tränen in die Augen. Der Mann beugt sich zu seiner Frau und sagt: »Irgendwann gibt es auf der Welt nur noch Lebewesen mit Penissen.«

Sie (verstört): »Wie bitte?«

Er (triumphierend): »Ja, der Penis ist das Genital der Zukunft. Die Tüpfelhyänen sind da Vorreiter. Da haben auch die Weibchen Penisse.«

Sie: »Aber ... warum?«

Er (stolz): »Das ist die natürliche Entwicklung der Vermännlichung der Arten.«

Sie: »Nein. Ich meinte, *warum* erzählst du mir das?«

Er zuckt mit den Schultern: »Das interessiert doch
nun wirklich jeden!«
Bis die Frau sich von dieser Information erholt hat,
läuft schon der Abspann.

3. Der schönste Sonnenuntergang aller Zeiten am
Strand. Sie seufzt ergriffen. Er sagt: »Hast du
Feuchttücher dabei? Ich muss mal aufs Klo.«

Rüpeltum, das

Das Rüpeltum ist die erwachsene Variante des → *Lümmeltums* und bezeichnet das rücksichtslose und von einer
unterschwelligen Feindseligkeit allem und jedem gegenüber geprägte Verhalten von erwachsenen Männern, die
ohne Manieren durchs Leben poltern. Der Rüpel ist so-
zusagen der große Bruder des Lümmels. Wobei man dem
Lümmel noch ein gewisses Maß an Toleranz entgegen-
bringen kann, da er bekanntermaßen unter einer vorübergehenden hormonell bedingten Unzurechnungsfähigkeit
leidet. Beim Rüpel aber hat sich das flegelhafte Benehmen manifestiert. Ganz nach seiner Devise »Voll Proll ist
toll«, schnappt er alten Damen den Sitzplatz weg, rempelt
junge Mütter an, schmeißt Müll auf die Straße, quarzt
auf jedem rauchfreien Bahnhof und rotzt anderen Leuten
vor die Füße.

Eine Sonderform ist das *Verkehrsspezifische Rüpeltum*, bei

dem sich Betroffene mit PS-starken Schleudern bewaffnen und mit Lichthupenfinger und Bleifuß über die Straße brettern, Kleinwagen und Fahrradfahrer jagen und auch auf der Spielstraße mit jaulendem Motor Angst und Schrecken verbreiten. Das Verkehrsspezifische Rüpeltum betrifft häufig auch Männer von höherem formalen Bildungsniveau, die sich abseits der Straße zivilisiert zu benehmen wissen, die aber am Steuer ihres SUVs oder Sportwagens offenbar einen ungeklärten Hirndefekt erleiden, der es ihnen unmöglich macht, Rücksicht auf andere zu nehmen.

Schlampenblindheit, die

Die Schlampenblindheit bezeichnet die Unfähigkeit eines liierten Mannes, die unverhohlenen Anmachversuche einer anderen Frau als solche zu erkennen. Anders gesagt:

Bei der Schlampenblindheit rafft der Mann überhaupt nicht, wenn er nach Strich und Faden angebaggert wird. Ganz im Gegensatz zu seiner Partnerin, die natürlich aus hundert Metern Entfernung jede Schlampe entlarvt, die es auf ihren Mann abgesehen hat. Eine Schlampe sendet ja in der Regel auch völlig eindeutige Signale aus: Sie lässt jede Distanz vermissen und lacht und gurrt und klimpert ihn mit ihren Wimpern an und fasst ihm vertraulich auf den Arm und labert ihn voll über ihre Probleme bei der Arbeit und beim Bikinikauf. Er aber denkt sich nichts dabei. Dass die Schlampe seine Partnerin geflissentlich ignoriert, findet er genauso wenig befremdlich wie ihren Vorschlag, zu zweit in die Therme zu gehen. Selbst wenn sie sich zur besseren Verständigung auf seinen Schoß setzt, glaubt er immer noch, sie wolle sich nur mit ihm unterhalten.

Da der Mann mit Schlampenblindheit keine erkennbaren Grenzen zieht und die Schlampe damit im Glauben lässt, auf eine Goldader gestoßen zu sein, wird die Schlampe auch nach dem ersten Treffen ihr Schindluder weiter treiben und ihm andauernd schlüpfrige SMS und Fotos von sich aus der Umkleidekabine schicken. All das findet der Mann überhaupt nicht merkwürdig. Umso überraschter ist er, wenn seine Partnerin plötzlich ungehalten reagiert und sich auch nicht von seinen »Ihr könntet gute Freundinnen werden«-Mutmaßungen beschwichtigen lässt.

In vielen Fällen kann der Mann durch seine Partnerin in einem Gespräch über die tatsächliche Motivation der Schlampe aufgeklärt werden. Er wird zwar staunen und sich wundern, aber es schließlich schaffen, das Verhalten der Schlampe zu missbilligen.

Wenn der Mann selbst nach einer saftigen Standpauke seiner Partnerin darauf beharrt, das Verhalten der Schlampe sei völlig harmlos, könnte es sich um einen der hoffnungslosen Fälle handeln. Denn eine Forschungstheorie besagt, die Schlampenblindheit sei eine Störung, bei der der Betroffene die Blindheit nur vorspiele, um die Aufmerksamkeit und die körperliche Nähe einer anderen Frau zu genießen.

In einem solchen Fall sollte die Partnerin in Erwägung ziehen, den Betroffenen umgehend in die Wüste zu schicken und dort den Schlampen zum Fraß vorzuwerfen.

Schlingen, das

Das Schlingen ist definiert als Essen in einem sozial unverträglichen Tempo, meist unter Nichtberücksichtigung von allgemein verbreiteten Tischmanieren. Sobald dem Betroffenen ein Teller vorgesetzt wird, schaufelt er die Mahlzeit in sich hinein, als gälte es, einen Rekord zu brechen. Kaubewegungen sind nur im Ansatz zu erkennen. Alles, was von weicher Konsistenz ist, passiert unzerkleinert die Mundhöhle, bei härteren oder zäheren Nahrungsmitteln beschränkt sich der Schlinger auf das Zermalmen in wenige Brocken. Überhaupt sieht er nur wenig Sinn im Abbeißen von Stücken, lieber stopft er sich Brötchenhälften, Eier oder Frikadellen im Ganzen rein.

Selbstverständlich hat der Betroffene während des Schlingvorgangs keine Zeit, sich zu unterhalten. Wenn er sich aber doch in eine Unterhaltung einmischt, dann meist mit einer Kombination aus Kauen und Reden, wobei man das eine nicht vom anderen unterscheiden kann. Das einzig Positive an dieser Macke ist, dass sie schnell vorübergeht und man den Schlinger gleich nach Leeren seines Tellers an den Computer oder vor den Fernseher entlassen kann, um den Rest der Mahlzeit in Ruhe zu genießen.

Schlüsselschlunzerei, die

Die Schlüsselschlunzerei bezeichnet das von einigen Männern bevorzugte System der willkürlichen Verteilung von Schlüsseln auf verschiedenste, nicht dafür vorgesehene Orte. Beim Schlüsselschlunzer ist nämlich die von normalen Menschen automatisierte Handlung des Aufhängens/Ablegens des Schlüssels an eine fest definierte Stelle im Haus gestört. Der Schlüsselschlunzer hält aus nicht nachvollziehbaren Gründen ein Schlüsselbrett für eine überflüssige Erfindung, weil man Schlüssel doch viel praktischer in den Taschen von Hosen, Jacken und Hemden, in Schubladen oder auf Bücherregalen und Schränken aufbewahren kann.

Dabei ist es dem Schlüsselschlunzer völlig egal, ob es sich um seine persönlichen Schlüssel handelt oder um die von der Partnerin oder von Fremden. Der Schlüsselschlunzer ist in der Tat auch dafür bekannt, geliehene Schlüssel von Tankstellentoiletten, Ferienappartements oder Nachbarn in seinen Taschen zu vergessen. Besonders häufig aber hat er sich darauf spezialisiert, die Schlüssel der Partnerin zu verschleppen und entweder unauffindbar zu lagern oder zum Beispiel auf Dienstreise mitzunehmen.

Dem notorischen Schlüsselschlunzer fehlt leider das Bewusstsein für die Probleme derjenigen, die den Schlüssel benötigen. Und zwar jetzt. Ganz dringend. Für den Schlüsselschlunzer ist nur wichtig, dass *er* die Schlüssel hat und weiß, wo sie sind. Zumindest für den überschaubaren Zeitrahmen, in dem sein Kurzzeitgedächtnis funktioniert. Aber auch danach findet er die Schlüssel wieder. Irgendwann. Wenn nicht, auch nicht schlimm: Dann kann er sich immer noch den Schlüssel der Partnerin vom Brett nehmen.

Die Top Five der nervigsten Männerangewohnheiten im Urlaub

1. Gar nichts tun.
2. Sportliche Ambitionen, die mit seinem Fitnessgrad überhaupt nicht kompatibel sind.
3. Smartphone immer noch nicht weglegen.
4. Unablässiges Fotografieren von jedem noch so uninteressanten Bauwerk, jedem langweiligen Ausblick und jeder öden Kulturveranstaltung.
5. Keine Verdauungsbeschwerden haben.

Schmirgelpapierwangen, die

Zu Schmirgelpapierwangen kommt es bei einer von der individuellen Haarstärke abhängigen Bartlänge. Erkennbar sind die Schmirgelpapierwangen nur an den Gesichtspartien der Partnerin: Weisen ihre Wangen, ihr Kinn oder ihr Hals nach dem Küssen Rötungen, Kratzer oder andere Störungsmerkmale auf, hat der Mann eindeutig Schmirgelpapierwangen.

Schmuckschenkschwäche, die

Alle Männer wissen, dass Frauen gerne Schmuck bekommen. Alle Männer? Nein, ein kleiner, unbeugsamer Stamm hört nicht auf, den schmuckbegeisterten Frauen Widerstand zu leisten!

Die Betroffenen der Schmuckschenkschwäche. Sie kaufen ihren Partnerinnen keinen Schmuck. Nicht zum Geburtstag, nicht zu Weihnachten und nicht einmal zur Verlobung. Egal, wie oft die Partnerin Andeutungen macht, ob sie mit ganzen Zäunen winkt, er rafft nicht, dass sie gerne Schmuck von ihm geschenkt bekommen würde. Ursache ist fehlendes Bewusstsein für die Vorliebe von Frauen für Bling-Bling und vor allem für die romantische Bedeutung eines brillanten Präsents. In manchen Fällen soll auch Geiz dahinterstecken.

Schnarchnase, die

Gut, es ist der Klassiker. Aber dafür auch besonders nervig: Der schnarchende Mann, der nachts mehr Urwälder absägt als alle korrupten Holzhändler zusammen. Der mit seinem Geschnaube einer Dampflokomotive Konkurrenz machen könnte. Der knattert wie eine verrostete Harley und röchelt wie ein verendender See-Elefant. Der den Nachbarn auf die Palme bringt und seine Partnerin erst zur Verzweiflung und dann in ein separates Schlafzimmer treibt.

Schnöseltum, das

Der Schnösel stammt direkt vom Lackaffen ab und ist wie sein enger Verwandter eine befremdliche Erscheinung. Seine vorrangige Eigenschaft ist die Eitelkeit, manchmal gepaart mit einer weltfremden Antiquiertheit, die ihn dazu bringt, Fischgrätmuster, Einstecktücher und Fliegen zu tragen. Sein natürlicher Gang ist das Stolzieren, er weiß, wie man einen akkuraten Scheitel zieht, und auch das Pfeifestopfen ist ihm nicht fremd. Neben seiner aufwendigen äußeren Erscheinung pflegt der Schnösel sich auch auf dem Feld des Wichtigtuens hervorzuheben und über önologische Aspekte des Gewürztramineranbaus, die kulturelle Bedeutung des Doppelreihers und die Dialektik des Dualismus' zu schwadronieren. Den Schnösel gibt es natürlich auch in prollig-modern: Dann klatscht er sich Gel in die Haare, zupft sich die Augenbrauen und nennt sich selbst den besten Fußballer der Welt, was dann auch das Einzige ist, worüber er gerne redet.

Schweißfußexhibitionismus, der

Auch genannt *Schuhausziehunverschämtheit*.

Der Schweißfußexhibitionismus ist eine auf Enthemmung beruhende Krankheit, die in der Umgebung des Betroffenen gleichermaßen auf Unverständnis wie auf Unbehagen stößt. Der Schweißfußexhibitionist neigt zur Entblößung seiner Stinkemauken vor abgeneigtem Publikum. Er hält es nämlich für sein gesetzlich verbrieftes Recht, seine Quadratlatschen auszuziehen, wann immer ihm danach ist. Ob nach einer langen Wanderung, im Flugzeug oder in der Bahn. Ohne Rücksicht auf Anwesende schlüpft er aus den Schuhen, streift gerne auch noch die Socken ab und qualmt, ohne rot zu werden, die Bude voll. Dass er andere stören könnte, ist ihm dabei herzlich egal. Schließlich ist *er* an den Geruch seiner Füße gewöhnt!

Schwiegermutterhass, der

Der Schwiegermutterhass ist definiert als starke Abneigung gegen die Mutter der Partnerin, die nach Meinung des Betroffenen schlicht kolossal nervt. Dabei merkt er überhaupt nicht, dass in Wahrheit seine eigene Mutter die größte Unruhestifterin des Familienfriedens ist. Pah.

Selbstabsolution, die

Die Selbstabsolution ist eine äußerst funktionelle Männermacke, die es dem Betroffenen erlaubt, sich selbst zu verzeihen, auch wenn seine Partnerin es noch gar nicht kann. Die Selbstabsolution wendet der Betroffene dabei auf jede Konfliktsituation und praktischerweise auch auf jede von der Partnerin geäußerte Kritik an. Damit gehört sie zu den beliebtesten Männermacken überhaupt. Jedenfalls bei den Betroffenen. Natürlich nicht bei deren Partnerinnen.

Typische Beispiele für Selbstabsolution

1. Sie: »Peter hat mir erzählt, du hättest besoffen in die Einfahrt von unseren Nachbarn gepinkelt.«
Er: »Die haben es nicht anders verdient. Weißt du noch, wie die sich wegen der Mülltonnen angestellt haben?«

2. Sie: »Hast du etwa schon wieder vergessen, den Rasen zu sprengen?«
Er: »Was soll's.«

3. Er stellt im Wohnzimmer mit dem Besen eine Shaolintechnik aus dem Fernsehen nach und fegt dabei ihre Porzellantänzerin vom Regal, die auf dem Boden zerspringt.
Sie faucht ihn sauer an: »Hey, pass doch auf!«
Er: »Ach, das ist nicht so schlimm.« Und fügt achselzuckend hinzu: »Außerdem willst du doch immer, dass ich mehr Sport treibe.«
Sie: »Aber doch nicht so!«
Er: »Du solltest mir lieber dankbar sein. Das Ding war eh hässlich.«

Sportrekorde-Elefantengedächtnis, das

Das Sportrekorde-Elefantengedächtnis ist eine Sonderform des männlichen Langzeitgedächtnisses und bezeichnet das spezifische Erinnerungsvermögen für Sportrekorde und Sportergebnisse. Die Merkfähigkeit selbst von durchschnittlich intelligenten Männern ist dabei verblüffend. Der Betroffene vergisst zwar jedes Mal, was er einkaufen soll, kann aber in jeder Lebenslage sämtliche aktuellen leichtathletischen Weltrekorde sowie die Ergebnisse der Formel-1-Saisons von Michael Schumacher, der DFB-Pokalfinale seit 1975 und der Grand-Slam-Endspiele der letzten Jahrzehnte aufsagen. Tut er auch, sobald jemand nur das Wort »Nürburgring«, »FC« oder »Tennisball« fallenlässt.

Gedächtnisforscher versuchen, sich diese Inselbega-
bung von Männern zunutze zu machen, und entwickeln an
Sportrekorde angelehnte Eselsbrücken gegen die *Häusliche Orientierungslosigkeit* (siehe auch: Dietz, *Männerkrankheiten*, Berlin 2012).

Streitunabhängige Gleichmütigkeit, die

Bei der Streitunabhängigen Gleichmütigkeit setzt sich
der Mann mit einer geradezu halsstarrigen Seelenruhe
über atmosphärische Störungen hinweg. Obwohl die
Partnerin wegen seines unmöglichen Verhaltens oder
eines saftigen Streits immer noch total eingeschnappt ist,
weigert er sich schlichtweg, sich entsprechend reumütig
und/oder harmoniebedürftig zu geben. Nein, er tut das
Perfideste, was Mann in so einer Situation tun kann:
nämlich einfach so, als wäre nichts gewesen! Ist das zu
fassen?!

Supermarktkassenrelaxation, die

Die Supermarktkassenrelaxation bezeichnet die geradezu
hirnrissige Entspanntheit von Männern vor der Supermarktkasse. An einer Ampel kann es ihnen nicht schnell
genug gehen, aber gerade da, wo es *wirklich* auf Tempo
und geschicktes Taktieren ankommt, werden viele Männer aus unerfindlichen Gründen von einer nervtötenden

Gelassenheit überfallen: wenn es nämlich um die Wahl der richtigen Kassenschlange geht.

Eben sind sie noch mit dem Einkaufswagen durch die Regale gesprintet, als ginge es um den Großen Preis von Monaco, doch sobald sie in Kassennähe kommen, sind sie auf einmal die Ruhe selbst. Und der lächerlichen Ansicht, dass es völlig egal sei, an welcher Kasse man sich anstelle. Selbst die liebliche Lautsprecheransage »Wir öffnen Kasse 3 für Sie«, die bei normalen Menschen (also Frauen) zu einem Adrenalinausstoß der Güteklasse 1 führt, kann den Betroffenen der Supermarktkassenrelaxation nicht aus seinem Zustand der Entspannung bringen.

Während er im Stau auf der Autobahn alle drei Sekunden die Spur wechselt, in der Hoffnung, ein paar Meter auf den blauen BMW gutzumachen, dümpelt er wie ein debiles Herdentier vor Kasse 2 herum und blockt alle Hinweise der Partnerin auf die Schnelligkeit der Kassiererin an Kasse 1 einfach ab. Was seine Partnerin erst recht ins Schwitzen bringt, weil sie nicht weiß, worüber sie sich mehr ärgern soll: darüber, dass sie die lahmste Kasse erwischt hat – oder den lahmsten Mann.

Tischmanierenmangel, der

Der Tischmanierenmangel ist leicht zu diagnostizieren, wenn der Mann beim Essen eines oder mehrere der folgenden Symptome zeigt: Ellenbogen auf dem Tisch, Schmatzen, Schlürfen, Aufstoßen, Gabelhalten wie ein Cowboy beim Bohnenlöffeln, Kauen mit offenem Mund, Soßenspritzer am Kinn, Bröckchen im Bart, achtloses Fallenlassen von dreckigem Besteck auf die Tischdecke. Kurzum: Man würde lieber einem Schwein beim Ausbluten zuschauen, als einem Mann mit Tischmanierenmangel im Endstadium.

Das Schlimme ist, dass er häufig noch nicht einmal einsieht, dass sein Essverhalten unappetitlich, unhöflich und einfach unmöglich ist. Für ihn ist es nämlich

1. die natürlichste Sache der Welt,
2. unvermeidlich,
3. kein Grund, sich anzustellen.

Entweder, der Betroffene hat für spezielle Verstöße spezielle Ausreden parat, zum Beispiel für lautes Aufstoßen, bei dem er sich gerne mit »Mund war zu!« herausredet. Oder er weist grundsätzlich jede Kritik von sich, indem er schlichtweg behauptet: »Das geht nicht anders.« Komischerweise ist es ihm aber möglich, seinen Tischmanierenmangel abzustellen, wenn der Chef mit von der Partie ist.

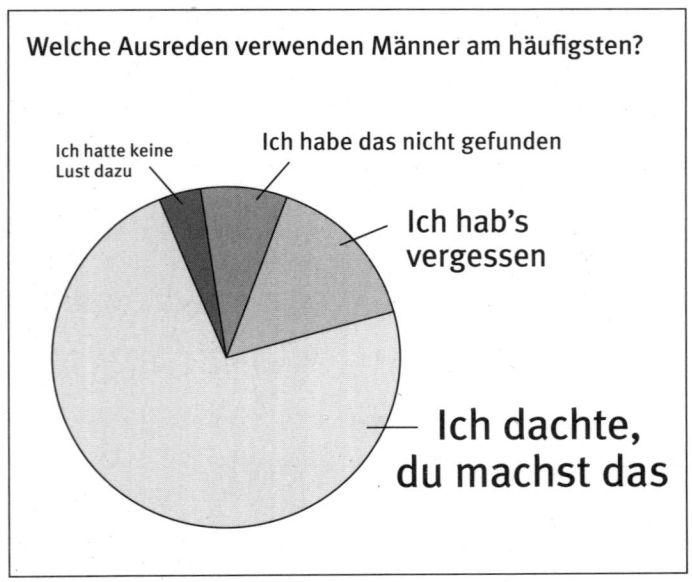

Welche Ausreden verwenden Männer am häufigsten?

Ich hatte keine Lust dazu

Ich habe das nicht gefunden

Ich hab's vergessen

Ich dachte, du machst das

Toilettenpapierverschwendung, die

Über die Menge an Toilettenpapier, die zur Säuberung der Hinterpartie benötigt wird, soll an dieser Stelle nicht geurteilt werden. Wohl aber über die Macke einiger Männer, erst einmal eine Ladung frisches Klopapier in die Toilette zu werfen, bevor zum Abseilvorgang geschritten wird. Dieses seltsame Verhalten legen nur die Sensibelsten unter den Männern an den Tag, denn es soll Wasserspritzer an ihrem Allerwertesten verhindern.

Übergewichtsignoranz, die

Zugegeben: Frauen mit Hang zur manischen Gewichtskontrolle und Dauerdiäten sind wahnsinnig. Und es gibt natürlich auch Männer, die sich auf dem Feld der hyperkritischen Hüftgoldgegner tummeln und jeden Tag dafür kämpfen, in ihr fliederfarbenes Seidenhemd von der Schulabschlussfeier hineinzupassen. Aber viel verbreiteter ist unter Männern das Gegenteil: die sogenannte Übergewichtsignoranz.

Männer sind dafür besonders anfällig, da sie das Konzept des Kalorienzählens an sich häufig für irreal halten. Falls sie immerhin die Tatsache akzeptieren, dass jeder Körper nur einen bestimmten Kalorienbedarf hat, sind dennoch viele Männer der Ansicht, dass zum Beispiel alles, was flüssig ist, sowieso keine Kalorien besitzt. Kalorienhaltig sind für sie nur Sachen, die man kauen kann. In ganz schlimmen Fällen verbuchen sie nur Dinge mit Knochen auf ihrem Kalorienkonto. Mit dieser Art von Einstellung ist der Weg in die Übergewichtsignoranz natürlich vorgezeichnet. Diese äußert sich darin, dass Betroffene

a) nur auf eine Waage steigen, wenn ein Arzt sie dazu zwingt,
b) trotz erheblichen Bierbauchs der felsenfesten Überzeugung sind, dass sie genau richtig sind, so wie sie sind,
c) jeden Gedanken an eine Gewichtsreduktion in ihrem Fall für lächerlich halten.

Bis zu einem gewissen Maß ist die Übergewichtsignoranz ja sympathisch, weil es die Partnerin gegebenenfalls auch entspannter gegenüber dem Genuss werden lässt. Dennoch sollte die Partnerin auch in sahnigen Zeiten aufmerksam bleiben und sich weder von Knabberorgien verführen noch von seiner archaischen Gelassenheit der Völlerei gegenüber einlullen lassen. Denn aus einer unbehandelten Übergewichtsignoranz wird am Ende ein echt fettes Problem. Wenn der Mann eine seltsame Vorliebe für Slipper entwickelt und ihn der Verkäufer direkt in die Abteilung »Happy Size« führt, ist bereits die erste Alarmstufe erreicht. Auch wenn er sich stolz auf die Wampe klopft und sagt: »So was kann man nicht kaufen, das muss man sich erarbeiten« und T-Shirts trägt mit der Aufschrift »Elefanten sind sexy«, ist die Diagnose Übergewichtsignoranz leicht zu stellen.

Spätestens aber, wenn eines der folgenden Symptome auftritt, weiß die Partnerin, dass sie früher hätte die Notbremse ziehen sollen:

1. Der Mann zieht grundsätzlich keine Socken mehr an.
2. Er gerät schon auf dem Weg zum Kühlschrank ins Schwitzen.
3. Er benutzt eine Greifhilfe, um an die Tüte Chips auf dem Couchtisch zu gelangen.
4. Im Auto kann er gleichzeitig einen Big Mac und einen Caramel Frappé halten, weil er das Lenkrad mit dem Bauch einklemmt.
5. Wenn er im Meer schwimmt, strömen die Leute zusammen, um die gigantische Seekuh zu filmen.

So weit sollte man es nicht kommen lassen. Bewährt hat sich das Vorspielen von Videoaufnahmen vom Betroffenen in Badeshorts. Die Verblüffung, dass es sich bei »dem dicken Kerl da hinten« wirklich um ihn selbst handelt, könnte helfen, ihn davon zu überzeugen, dass er vielleicht doch mal ein paar Pfund abnehmen sollte.

Übertreibungsdrang, der

Beim Übertreibungsdrang neigt der Mann bei jeder Erzählung zum … äh … Übertreiben. Und das ist sogar noch *untertrieben*, denn beim voll ausgewachsenen Übertreibungsdrang übertreibt der Betroffene nicht bloß, nein, da dramatisiert er, schmückt er aus, spuckt er große Töne und trägt so richtig dick auf. Alles, was er erlebt, gekauft oder gehört hat, ist besser, wertvoller, gefährlicher, schneller, höher, weiter und wichtiger als bei anderen. Die Zuhörer staunen, die Partnerin aber wundert sich. Aber wenn sie klug ist, lässt sie ihn gewähren.

Versuche der Partnerin, die Erzählung durch eigene Angaben zu relativieren, sind in der Regel nicht nur unwirksam, sondern auch ein Garant für einen handfesten Beziehungsstreit. Denn der Mann mit Übertreibungsdrang wird unweigerlich ungehalten auf ihre Korrekturen reagieren, da er sich wirklich nicht bewusst ist, dass seine Erzählung von der Wahrheit abweicht. Seine Erinnerung ist nämlich mit einer Art Verdoppelungseffekt versehen, der alle Geschehnisse automatisch eine Nummer größer macht als in der Realität. Deswegen ist diese Macke auch nur schwer zu therapieren.

Unvermittelte Arbeitsniederlegung, die

Lateinisch *opus interruptus*.

So zahlreich wie die Mythen um die angeblich hundert Wörter der Inuit für Schnee sind die Strategien des Mannes zur Arbeitsvermeidung. Die Unvermittelte Arbeitsniederlegung ist darunter eine der perfideren. Dabei übernimmt der Mann scheinbar ohne Murren den Auftrag, zum Beispiel ein paar Flaschen Wasser aus dem Keller zu holen. Er nimmt sogar die leere Flasche aus der Küche mit. Und kommt dann nie wieder. Verwundert über sein Verschwinden, geht die Partnerin auf die Suche. Die leere Flasche findet sie im Flur oder auf dem Tisch im Wohnzimmer oder im Bad, den Mann vor Computer oder Fernseher, in der Garage oder im Bett. Dabei ist die Unvermittelte Arbeitsniederlegung überhaupt keine Absicht oder gar geplante Aktion des Betroffenen – der Mann ist eben nur durch irgendeine unaufschiebbare Sache vom Weg abgekommen, zum Beispiel vom neuen Java-Update. Oder dem starken Drang nach einer Pause.

Update-Wahnsinn, der

Der Update-Wahnsinn hat von sehr vielen Männern Besitz ergriffen. Er äußert sich in dem Bestreben, nicht nur mit der technischen Entwicklung Schritt zu halten, sondern auf der rasanten digitalen Welle ständig ganz weit vorne mitzuschwimmen. Dies aber ist äußerst kraftraubend – für den Betroffenen, der sich ständig mit Newslettern und Computermagazinen auf dem Laufenden halten muss, aber auch für die Partnerin. Denn kaum hat frau es geschafft, mit der aktuellen Textverarbeitungssoftware/Browser/Photoshop/Smartphone oder dem Blu-ray-Player zurechtzukommen, rückt der Mann mit Update-Wahnsinn an und installiert ungefragt die neue, noch bessere Version oder kauft ein neues, noch besseres Gerät.

Selbstverständlich erwartet er dann auch noch Begeisterung von seiner Partnerin. Die aber will sich nicht so recht einstellen. Dem Mann mit Update-Wahnsinn ist aber mit vernünftigen Argumenten wie »Das Alte hat doch noch super funktioniert« oder »Ich brauche doch gar keine Doppel-Grafikkarte für 3-D-Spiele« nicht beizukommen. Mit glänzenden Augen erläutert er die Vorteile, die aber nur ihm einsichtig sind. Denn die Partnerin sieht nur, dass sie schon wieder wertvolle Zeit dafür aufbringen muss, sich mit dem neuen Kram zurechtzufinden.

Ursache für den Update-Wahnsinn des Mannes ist neben einer geradezu kindlichen Begeisterung für digitales Spielzeug aller Art auch der unbewusste Drang, wenigstens in einer Sache zu Hause die Vormachtstellung zu behalten, wo er doch sonst nicht mal die Aufenthaltsorte von Kissenbezügen und Auflaufformen kennt.

SONDERTEIL: Vätermacken

Zunächst einmal sei darauf hingewiesen, dass es natürlich die Väter gibt, die alles richtig machen. Die ihren Kindern nachts die Flasche geben, sie tagsüber im Tragetuch herumschleppen, ihre besudelten Strampler und vollen Windeln wechseln. Väter, die Pflaster aufkleben, trösten, Brei kochen, Schlaflieder singen. Väter, die im Job kürzertreten oder ihre Karriere gleich ganz auf Eis legen, um mit unbemerkten Spuckflecken auf dem Hemd Feuchttücher und Popocreme einkaufen zu gehen. Die auch ihre Hobbys hintanstellen, weil sie immer für die Kinder da sein wollen. Und für ihre Partnerin. Ja, die gibt es.

Nein, ehrlich!

Davon gibt es eine ganze Menge.

Irgendwo.

Da draußen.

Müssen sie sein.

In seinen eigenen vier Wänden dagegen findet man erstaunlicherweise viel häufiger eines der Väterexemplare vor, die ihre Kinder einfach total super finden, vor allem dann, wenn die Partnerin sie gefüttert, gewaschen und in den Schlaf gewiegt hat.

Diese Väter, die *normalen* Väter, sind nämlich gerne ein bisschen wählerisch, wenn es um die Kinderbetreuung geht. Und die Kinderpflege. Und um die Durchsetzung von Erziehungsregeln. Und noch bei einer ganzen Reihe von anderen Dingen, die Mütter aus irgendeinem Grund für notwendig und vielleicht sogar pädagogisch sinnvoll halten. Denn es ist ja so: Ein Vater ist auch nicht mehr als ein Mann mit Kind. Und Männer haben nun mal – spaßig, aber wahr – die eine oder andere Macke. Ganz besondere Macken entwickeln dabei Männer mit Kindern …

Akute Erziehungserschöpfung, die

Die Akute Erziehungserschöpfung stellt sich sehr häufig dann ein, wenn der Vater sich einmal über sein gewohntes Maß hinaus um die Kinder kümmern muss. Dann stellt er nämlich plötzlich fest, dass das wahnsinnig anstrengend ist. Meistens tritt die Akute Erziehungserschöpfung auf, wenn die Partnerin wegen Krankheit ausfällt oder mal ein Wochenende mit den Mädels weg ist. Da wundert sich der Mann dann und staunt, wie wenig Ruhe man doch hat und wie wenig Zeit einem für sich selbst bleibt und wie viel Arbeit Kinder eigentlich machen. Noch nie kamen ihm Tage so lang vor!

Als Folge der Akuten Erziehungserschöpfung können verschiedene Symptome auftreten: von Apathie (stumpfes Herumsitzen, Kopfschütteln, Ohrenzuhalten) bis Hysterie (cholerisches Schimpfen mit 86 Dezibel). Vor allem aber wird der Vater verschiedenste pädagogische Wahnsinnsaktionen zünden, in denen sämtliche bisher geltenden Erziehungsgrundsätze über den Haufen geworfen werden, nur damit Ruhe im Karton ist (siehe auch → *Eigenmächtige Erziehungsregelauslegungen*).

Umso erleichterter ist er, wenn die Partnerin endlich wieder fit/zurück ist und er sich bei ihr so richtig ausheulen kann. Seine Erfahrung nimmt er aber nicht etwa zum Anlass, seiner Partnerin in Zukunft mehr zu helfen, sondern, um sich sofort nach ihrer Rückkehr auf ihren alten Posten seinerseits zurückzuziehen und sich erst einmal in Ruhe von dem Schock zu erholen.

Arbeitsaufrechnerei, die

Bei der Arbeitsaufrechnerei zieht der Vater aus der Tatsache, dass er mehr verdient als die Mutter, den Rückschluss, dass er auch mehr arbeitet. Das wiederum ist für ihn das entscheidende Argument, warum er im Haushalt und bei den Kindern wenig bis gar nichts helfen muss. Leider lassen sich Väter, die gerne Arbeitsaufrechnerei betreiben, nicht leicht überzeugen, dass die Doppeltoder gar Dreifachbelastung der Mutter mit Haushalt und Kindern und vielleicht noch einem Job mindestens genauso anstrengend ist. »Du bist doch fast die ganze Zeit zu Hause«, ist für ihn allen Ernstes ein Argument dafür, dass sie natürlich nicht so viel arbeitet wie er. Häufig tritt die Arbeitsaufrechnerei im Verbund mit der Macke → *Generelle Ausschlafvollmacht* auf.

Einige Betroffene lassen sich durch Androhung der Partnerin, selbst wieder voll in den Beruf einzusteigen und zum Hauptverdiener zu werden, von ihrer schwachsinnigen Denkweise kurieren. Anderen hilft eventuell ein gelegentlicher Teilzeitausstieg der Partnerin aus Hausarbeit und Kindererziehung, z. B. übers Wochenende, und der heilsame Schock einer → *Akuten Erziehungserschöpfung*.

Aufbruchsrelaxation, die

Vor dem Aufbruch der Familie zu einem Ausflug/Besuch/Schule/ Urlaub kommt es in vielen Partnerschaften zu folgendem Szenario: Die Mutter hetzt durchs Haus wie ein Affe auf Speed, um noch existentielle Utensilien einzupacken, während sie gleichzeitig im Befehlston eines tyrannischen Feldmarschalls die Kinder herumkommandiert, Mützen und Jacken mitzunehmen, noch mal auf Toilette zu gehen, Haare zu kämmen, Milchbärte wegzuwischen, sich endlich die Schuhe anzuziehen, nein, nicht die, sondern die sauberen, und endlich in Gottes Namen aufzuhören zu zanken. Das ganze Haus ist in Aufruhr.

Das ganze Haus?

Nein.

Inmitten des unbeschreiblichen Chaos gibt es einen Hort des Friedens, eine Oase der Stille und der Erholung. Es ist das Sofa, wo der Vater genau diese Gelegenheit nutzt, um mal so richtig abzuschalten und Geist und Seele baumeln zu lassen. Dieses erstaunliche Phänomen nennt man Aufbruchsrelaxation. Es bezeichnet den Zustand der Entspannung, den jemand hat, der nur für sich selbst und sein eigenes Gepäck zuständig ist und mit dem ganzen Rest überhaupt nichts zu schaffen hat. Kurzum: Es bezeichnet die Macke des Vaters, sich für nichts verantwortlich zu fühlen, was vor dem Aufbruch geregelt werden *muss*.

Eine eklatante Ungerechtigkeit – natürlich! In so einer Situation drängt die Zeit aber, so dass die Partnerin gerade jetzt keine Kapazitäten freihat, um auch noch mit ihrem Mann einen konstruktiven Diskurs zur Problemlösungsfindung zu führen. Sie ist sowieso schon vollauf damit beschäftigt, nicht durchzudrehen.

Brisant wird es, wenn der Betroffene auch noch meint, seine Partnerin ermahnen zu müssen, nicht so einen Stress zu machen. Dann könnte es sein, dass die Stimmung ein klitzekleines bisschen explodiert.

Leider ist die Aufbruchsrelaxation nicht leicht zu kurieren. Denn dazu müsste der Vater erst einmal die zeitaufwendigen Grundkurse »Packen für Kinder« und »Wo finde ich in meinem Haus, was ich brauche?« absolvieren.

Bastelvater, der

Der Bastelvater zeichnet sich durch den übertriebenen Ehrgeiz aus, seine Kinder in die unendlichen Weiten des Do-it-yourself-Universums einzuführen. Ungeachtet seines eigenen handwerklichen Talents zwingt er den Nachwuchs zum eigenhändigen Anfertigen von Kistchen und Setzkästen zum Aufbewahren von möglichst selbstgefundenen Schätzen wie Muscheln, Schneckenhäusern und Steinen. Holz ist das bevorzugte Material des Bastelvaters, der auch in knorrigen Ästen und anderen Baumstücken jede Menge Potential erkennt und daraus mit seinen Kindern lustige Figuren schnitzt, die an eine Mischung aus Apfelkitsch und Elefantenmann erinnern. Besonders beliebt sind auch Laubsägearbeiten, doch das bevorzugte Bauprojekt bleibt natürlich das

Vogelhaus, das nachher krumm und schief an den Baum genagelt wird und höchstens einen Grauen Star zum Einzug animiert.

Doch die Begeisterung des Bastelvaters für Selbstgemachtes kennt keine Grenzen, und jedes finale Machwerk wird von ihm ausgiebig bejubelt. Weswegen die Kinder auch besser nicht auf die Idee kommen sollten, Kritik am Gebauten zu äußern oder die Sachen nicht prominent in ihrem Zimmer zu präsentieren. Alles in allem ist der Bastelvater eine putzige Erscheinung, die sich aber in der Regel mit dem Eintritt der Kinder in die Pubertät und den daraus entstehenden natürlichen Differenzen zwischen den Generationen auswächst. Dann bleiben dem Bastelvater immerhin die sentimentalen Erinnerungsstücke, die er nicht zu entsorgen übers Herz bringt, sondern sie sich voller Zärtlichkeit immer wieder anschaut, wenn er einsam und allein an seiner Werkbank steht.

Belohnungsüberhäufung, die

Bei der Belohnungsüberhäufung versucht der Vater aus schlechtem Gewissen wegen langer Abwesenheitszeiten heraus, seinen Kindern mit Geschenken und Belohnungen im Übermaß zu zeigen, wie sehr er sie liebt. Um die richtige Belohnung zu finden, scheut der Vater keinen Aufwand und verbringt sogar ganze Samstage in der City auf der Suche nach dem einen Spielzeug, mit dem er sein Kind glücklich machen kann. Es kann natürlich sein, dass er bei dieser Gelegenheit noch einen Abstecher zum Kicken mit den Kumpels macht oder sich selbst mit unentbehrlichen Dingen wie Adapter oder Kabel eindeckt.

Aber das sind ja nur Nebeneffekte des hehren Ziels, seinem Kind eine Freude zu bereiten!

Durchschlaflegende, die

Die Durchschlaflegende wird gerne von Vätern erzählt. Mit stolzgeschwellter Brust. Und am liebsten vor anderen Eltern, die sich über nächtliche Ruhestörung und die daraus resultierende Müdigkeit beklagen. »Unser Kind hat von Anfang an durchgeschlafen«, prahlt der Vater dann gerne. Seine Partnerin, die kaum die Augen offen halten kann, ist gerade noch fit genug, ihm zu erklären, dass es nicht das Kind war, das von Anfang an durchgeschlafen hat, sondern er!

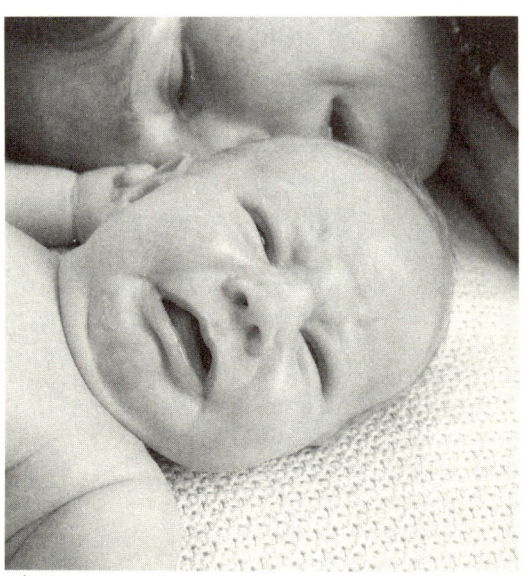

Eigenmächtige Erziehungs-
regelauslegungen, die

Einige Väter neigen dazu, sobald sie allein mit den Kindern sind, die von der Mutter streng überwachten Erziehungsregeln nach eigenem Gutdünken umzuändern oder gleich ganz außer Kraft zu setzen. Sehr häufig in Folge einer → *Akuten Erziehungserschöpfung.* Unbewusst wollen die Betroffenen natürlich der Auseinandersetzung mit den Kindern entgehen, die aus irgendeinem Grund für die meisten Regeln nicht ausreichend Verständnis zeigen wollen. Da der Betroffene aber niemals zugeben würde, dass er aus reiner Faulheit die Erziehungsregeln für null und nichtig erklärt, hält er für jede seiner Regelabänderungen eine passende Begründung parat. Diese ermöglicht es ihm, weiterhin zu glauben, pädagogisch alles total im Griff zu haben, und trotzdem etwas entspannen zu können. Die vier wichtigsten Eigenmächtigen Regelauslegungen sind:

Eigenmächtige Aufräumregelauslegung

Obwohl die strenge Regel besteht, dass die Kinder vor dem Abendessen ihre Zimmer aufräumen sollen, lässt er das Chaos Chaos sein und erklärt, dass

a) heute eine Ausnahme ist,

b) wissenschaftlich erwiesen ist, dass Unordnung die Kreativität fördert (den Quellennachweis für diese These bleibt er schuldig),

c) man auch mal nicht so streng sein sollte (wobei er mit *man* natürlich seine Partnerin meint).

Eigenmächtige Bettgehregelauslegung

Obwohl die strenge Regel besteht, dass die Kinder um halb acht ins Bett gehen, lässt er sie viel länger aufbleiben und erklärt dies damit, dass

a) heute eine Ausnahme ist,

b) er früher auch immer viel länger aufbleiben durfte,

c) man mit dem Zubettgehen besser wartet, bis Mama wieder da ist, um die Schlaflieder zu singen (und natürlich das ungeliebte Zähneputzen und Waschen zu überwachen).

Eigenmächtige Fernsehkonsumregelauslegung

Obwohl die strenge Regel besteht, dass die Kinder nur 20 Minuten am Tag fernsehen oder Computer spielen dürfen, erklärt er, dass

a) heute eine Ausnahme ist,

b) die Regel für Sportsendungen und Tierdokumentationen grundsätzlich ausgesetzt ist,

c) ihm das jetzt total wurscht ist, weil er diese Sendung eben sehen will, basta.

Eigenmächtige Süßigkeitenregelauslegung

Obwohl die strenge Regel besteht, dass die Kinder nur eine Süßigkeit pro Tag essen dürfen, erklärt er, dass

a) heute eine Ausnahme ist,

b) Gummibärchen ja gar keine Schokolade und damit eigentlich auch nichts richtig Süßes sind,

c) ein bisschen Naschen noch niemandem geschadet hat.

Die Eigenmächtigen Regelauslegungen sind sehr praktisch. Für den Vater. Und spaßig für die Kinder. Absolut nervtötend aber für die Mutter, die dann doppelt so unnachgiebig sein muss, um die Regeln wieder zu installieren. Und vor den Kindern als griesgrämiger Spielverderber dasteht. Das immerhin gelingt ihr leicht, weil sie sich kolossal über ihren Mann ärgert. Manchmal kommt es jedoch auch vor, dass die Partnerin sich ein Beispiel daran nimmt. Und dann feststellt, dass es hin und wieder ungemein entspannend sein kann, mal fünfe gerade sein zu lassen.

Erziehungsrosinenpickerei, die

Ähnlich wie bei der → *Hausarbeitsspezifischen Rosinenpickerei* spielt der Vater bei der Erziehungsrosinenpickerei den strebsamen Daddy, der sehr gerne bei der Erziehung und Kinderbetreuung mithilft. Leider aber immer nur dann, wenn es ihm gerade passt. Wie eine Art Edelreservist behält er sich vor, sich jederzeit auszuklinken, wenn es ihm zu anstrengend wird, Hindernisse zu überwinden sind oder die Aufgabe insgesamt nicht attraktiv genug erscheint. Mit gutem Gewissen, weil er ja schon so viel mit den Kindern gemacht hat (zum Beispiel die Sportschau geguckt), wird er sich vor dem Baden/Popo abputzen/Essen machen zurückziehen, unter dem Vorwand, dass er jetzt noch etwas anderes sehr Wichtiges zu erledigen habe (zum Beispiel Joggen oder Schlafen), und den Rest seine Partnerin erledigen lassen.

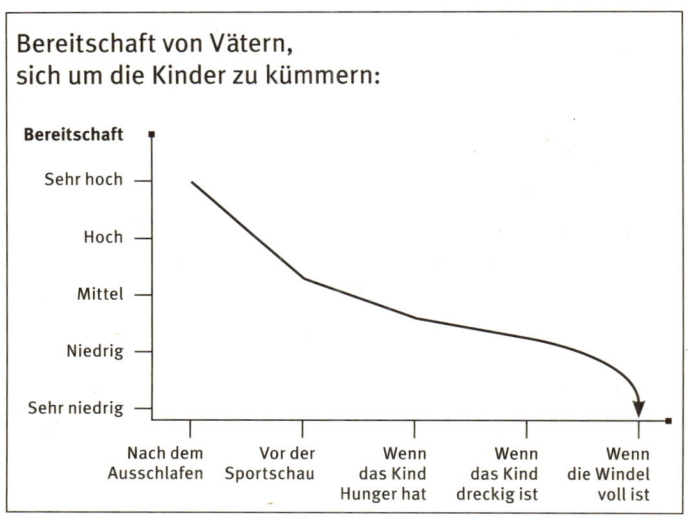

Bereitschaft von Vätern, sich um die Kinder zu kümmern:

Bereitschaft

Sehr hoch
Hoch
Mittel
Niedrig
Sehr niedrig

Nach dem Ausschlafen • Vor der Sportschau • Wenn das Kind Hunger hat • Wenn das Kind dreckig ist • Wenn die Windel voll ist

Fördervater, der

Der Fördervater versucht, seinem Kind unter allen Umständen einen intellektuellen Vorsprung vor den anderen Rotznasen zu verschaffen, um die geplante kometenhafte Karriere schon im Kindergartenalter einzuleiten. Bildung ist in der Regel das erste Mittel der Wahl, womit natürlich vornehmlich digitale Medien gemeint sind. Denen steht der Fördervater mehr als aufgeschlossen gegenüber, auch von seiner eigenen Interessenkonzentration her. Und da Computer schließlich die Zukunft bestimmen und Kinder damit aufwachsen *müssen*, wenn sie später nicht in der Gosse landen wollen, kann es gar nicht früh genug damit losgehen. Den ersten Computer bekommt das Kind, wenn es gerade »Dadadada« brabbeln kann.

Ab sofort darf es seine Gehirnzellen mit Ich-werde-meinem-

Kind-schon-eine-Hochbegabung-eintrichtern-Programmen trainieren. Das Smartphone bekommt es zur Einschulung, um mit Apps und Internet umgehen zu lernen, wobei der Vater natürlich bereitwillig behilflich ist. Den Vorwurf, dass er aus purem Eigennutz sein Kind in die digitale Welt einführe, um sich dann nämlich auch während der Kindererziehung mit dem Computer beschäftigen zu können, wird der Fördervater natürlich weit von sich weisen. »Es kann auf keinen Fall schaden«, ist seine unumstößliche Überzeugung. Dass das Kind eventuell etwas verpassen könnte, wie Versteckspielen, Sandburgenbauen und Wasserbombenschlachten mit Gleichaltrigen an der frischen Luft, kommt dem Fördervater gar nicht in den Sinn. Auch, dass das Kind mit sieben Jahren noch keinen Ball geradeaus werfen kann, das Phänomen »Pfütze« nur aus dem Internet kennt und sein digitales Freundebuch noch keinen Eintrag hat, ist ihm keine Warnung. Immerhin wird es irgendwann der nächste Mark Zuckerberg.

Fußballvater, der

Der Fußballvater versucht, seinem Kind unter allen Umständen einen sportlichen Vorsprung vor den anderen Rotznasen zu verschaffen, um die geplante kometenhaften Karriere schon im Kindergartenalter einzuleiten. Fußball gilt ihm als erstes Mittel der Wahl. Sichern überragende Fähigkeiten im beliebtesten Sport der Welt schließlich nicht nur eine hohe soziale Position in Schule und Verein, sondern auch ein zukünftiges Millionengehalt. Seinen ersten Fußball bekommt das Kind entsprechend zur Geburt geschenkt, über seinem Bettchen hängt ein Fußballmobile. Anstatt

Sesamstraße gibt es am Abend die *Sportschau* zu sehen. Noch viel wichtiger ist natürlich der Einstieg in die Praxis, sobald das Kind laufen kann. Ab dem Moment darf es eigentlich nur noch einem Ball hinterherrennen. Sobald wie möglich muss der Sprössling dann in den Verein eintreten. Der Fußballvater ist natürlich ein Alptraum für jeden Trainer, weil er nicht nur sein eigenes, sondern auch die anderen Bambini anschreit, sich andauernd ins Training einmischt und auch in Sachen Spielaufstellung natürlich den meisten Durchblick hat. (»Natürlich muss mein Kind in den Sturm! Doch nicht Linus, dieser Pferdefuß!«)

Dumm nur, wenn das sportliche Talent des Kindes nicht mit dem Ehrgeiz des Vaters übereinstimmt, es zwei linke Füße besitzt und dazu noch absolut keinen Bock darauf hat, das Runde in das Eckige zu bringen. Dann kann der Fußballvater immerhin noch sein Glück als → *Fußballclubvater* versuchen.

Fußballclubvater, der

Dem Fußballclubvater wäre es natürlich auch nicht unrecht, wenn sein Kind in die Fußstapfen von Thomas Müller treten würde. Viel wichtiger aber ist ihm, dass sein Kind beizeiten den richtigen Fußballclub zu lieben lernt. Die Erziehungsmethoden des Fußballclubvaters sind dabei zum großen Teil der guten alten Gehirnwäsche entlehnt. Natürlich bekommt das Baby zur Geburt schon die Vereinsmitgliedschaft geschenkt, es trägt ausschließlich mit dem Vereinsemblem bestickte Strampler, Bettwäschegarnitur und Kinderzimmer sind komplett in den Vereinsfarben gehalten. Ausschlaggebend für den Erfolg seines Unternehmens aber ist die endlose Beschallung mit dem Vereinslied, so dass das Kind schon im Kindergartenalter »Mer stonn zo dir, FC Kölle«, »FC Bayern, Stern des Südens« oder »Blau und weiß, wie lieb ich dich« fehlerfrei mitgrölen kann. Umso furchtbarer der Schock für den Fußballclubvater, wenn das Kind irgendwann seinen freien Willen entdeckt und sich für einen anderen Verein entscheidet.

Generelle Ausschlafvollmacht, die

Auch genannt: *Man-wird-doch-wohl-ein-Mal-in-der-Woche-ausschlafen-dürfen-Krankheit.*

Viele Väter beanspruchen am Wochenende die Generelle Ausschlafvollmacht für sich, weil sie wegen ihres Jobs sonst immer so früh aufstehen müssen. Dass die Partnerin nie (oder anders ausgerückt: NIEMALS) ausschlafen kann und unter der Woche sogar noch vor ihm aufsteht, um Butterbrote für Kindergarten und Schule zu schmieren, scheint in seinem Universum keine Rolle zu spielen. Häufig besteht gleichzeitig zu dieser Macke der Hang, die Arbeitsleistungen gegeneinander aufzurechnen. Siehe → *Arbeitsaufrechnerei.*

Infantile Tierbegeisterung, die

Die Infantile Tierbegeisterung zeichnet sich durch eine sehr große Differenz zwischen der Begeisterung für die Anschaffung eines Haustiers und dem rasanten Absinken der Begeisterung nach dessen Anschaffung aus.

Wenn Kinder ein Haustier haben wollen, bekommen sie vom Vater mit Infantiler Tierbegeisterung jede Unterstützung:

Er quengelt und bettelt genau wie sie nach einem Hund/Hamster/Aquarium. Mit leuchtenden Augen spricht er über die wunderbaren Zeiten, die anbrechen, sobald ein Tier im Haus ist, mit dem die Kinder spielen können. Natürlich führt er das wichtige Argument, die »Erziehung zur Verantwortung«, ins Feld, um die Partnerin davon zu überzeugen, dass ein Haustier nicht nur ein Riesenspaß ist, sondern auch eine sinnvolle pädagogische Anschaffung.

Der Vater mit Infantiler Tierbegeisterung ist so Feuer und Flamme, dass er hoch und heilig schwört, ganz alleine die Verantwortung für die Pflege des Tiers zu übernehmen, falls die Kinder es mal vernachlässigen sollten (»... was ich nicht glaube«, beschwichtigt der Betroffene sogleich). Es gilt allerdings als eindeutig bewiesen, dass die Infantile Tierbegeisterung mit einem gewissen Maß an Unzurechnungsfähigkeit einhergeht. Von Seiten der Mutter, die sich schließlich breitschlagen lässt und in den Kauf eines Hundes/Hamsters/Aquariums einwilligt.

Denn die Infantile Tierbegeisterung hält genau so lange an, bis der Betroffene merkt, dass Haustiere überraschenderweise Arbeit machen (ach was), und das auch noch jeden Tag. Womit die Kinder leider eben doch überfordert sind. Und zwar sehr schnell. Was ihn sehr verwundert und fast ärgert, wo die Kinder doch so unbedingt ein Tier haben wollten und sogar versprochen hatten, ganz allein seine Pflege zu übernehmen. Typisch für die Infantile Tierbegeisterung ist dazu eine teilweise Amnesie: Der Betroffene wird schlichtweg vergessen, was er selbst in Bezug auf die Tierpflege versprochen hatte. Und dann steht die Partnerin vor der Wahl:

Entweder ihren eisernen Vorsatz, den Tierpflegerjob nicht auch noch zu übernehmen, durchzusetzen, oder dem Elend nicht länger tatenlos zuzuschauen und eben doch den stinkenden Hamsterkäfig/das versiffte Aquarium zu reinigen und dem Hund die erforderliche Bewegungsfreiheit zukommen zu lassen.

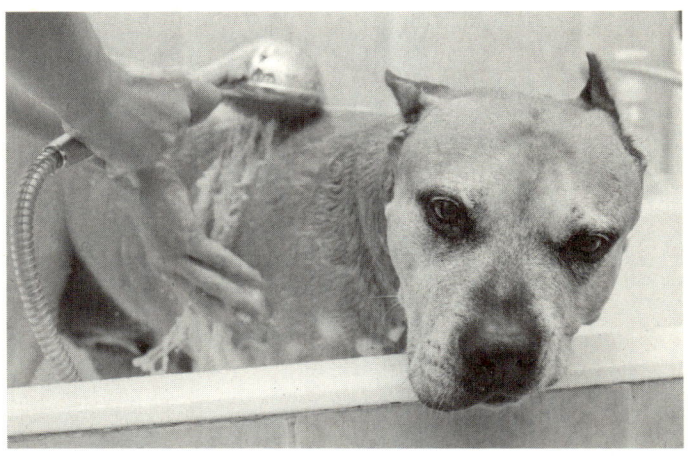

Kinderwageneuphorie, die

Die Kinderwagenkaufeuphorie ist bei manchen Vätern so ausgeprägt, dass man den Eindruck bekommen könnte, sie wollten nur deshalb Nachwuchs, um endlich einen Kinderwagen kaufen gehen zu können. Mit penibler Sorgfalt werden alle Tests der letzten Jahre studiert, Fahrverhalten, Sportlichkeit, Sicherheit und Praktikabilität geprüft, sieben Geschäfte durchwandert und schließlich eine Summe ausgegeben, mit der man ein gebrauchtes Auto hätte erstehen können. Aber der Vater ist glücklich! Und je mehr Spaß er am Kinderwagen hat, desto häufiger wird er damit am Ende durch die Gegend laufen. Um mit seinem Kind anzugeben. Oder eben mit dem Wagen …

Kumpelvater, der

Der Kumpelvater ist eine kuriose Erscheinung, die hauptsächlich bei Vätern von männlichen halbwüchsigen Nachkommen zu Tage tritt. Denn der Kumpelvater möchte mehr Kumpel sein als Vater, und das versucht er zu erreichen, indem er allen zeigt, wie up to date er ist. Dabei kommt es zu einem krassen Missverhältnis zwischen Selbst- und Fremdwahrnehmung. Denn nie fühlte der Kumpelvater sich cooler, als im Kreis der Teenagerfreunde seines Sohnes! Und auch noch niemals hat sich jemand so extrem für ihn geschämt.

Folgende Symptome sind dabei typisch für den Kumpelvater:

a) Das Tragen von Baggy Pants und Sheldon-Cooper-T-Shirts.
b) Distanzlosigkeit den Freunden des Sohnes gegenüber, die er zwingt, ihn zu duzen.
c) Völlig unangebrachte Jugendsprache.
d) Das Angeben mit Geschichten aus der eigenen wilden Vergangenheit.

Völlig außer Rand und Band ist der Kumpelvater, wenn er sich das Hemd herunterreißt, um seine Tätowierungen zu zeigen, und von seinen früheren Drogenexzessen und Weibergeschichten schwadroniert. Vor seinem konsternierten Sohn und dessen irritierten Freunden, die mit ihren elf Jahren rätseln, was Haschisch oder Fummeln überhaupt bedeuten, in der Schule war das jedenfalls noch nicht dran. Der Kumpelvater kriegt von all dem nichts mit, er ist total in seinem Element und würde auch noch seine Entjungferung damals in Papas Mercedes zum Besten geben, würde ihn nicht irgendjemand stoppen. Zum Beispiel sein hochrot angelaufener Sohn, der ihn anfleht, endlich damit aufzuhören. Auch das wird der Kumpelvater aber nicht zum Anlass nehmen, peinlich berührt zu sein. Nur irgendwann später einmal wird er sich vielleicht wundern, warum sein Sohn seine Freunde nie mehr mit nach Hause gebracht hat.

Manierenspezifische Vorbilduntauglichkeit, die

Die Manierenspezifische Vorbilduntauglichkeit ist eine weitverbreitete und äußerst unangenehme Erscheinung, bei der der Vater alle Bemühungen der Partnerin, den Kindern anständige Manieren beizubringen, mit Leichtigkeit zunichtemacht, indem er im Beisein der Kinder mit dreckigen Schuhen durchs Haus latscht, das Messer ableckt, laut und vernehmlich rülpst, furzt und flucht oder andere Verhaltensweisen an den Tag legt, die auf dem Index stehen.

Papis pädagogische Finessen

Oder auch: Väter & Die Hohe Kunst der Erziehung

Zu Papis pädagogischen Finessen zählen verschiedene Besonderheiten der Erziehungsmethodik, die in der Regel von einem Mangel an Routine, Erfahrung und Selbsteinschätzung herrühren. Nur so ist zu erklären, dass einige Väter einen

Hang zur *Erziehungswissenschaftlichen Besserwisserei* haben, mit dem sie die Erziehungsmethoden der Partnerin für unbrauchbar erklären. Was hauptsächlich daran liegt, dass sie sie selbst noch nicht ausprobiert haben.

Beispiel:

Vater: »Wie kannst du das Kind so herumlaufen lassen?«

Mutter: » Er will nichts anderes anziehen.«

Vater: »Wie – er will nichts anderes anziehen? Wo gibt es denn so was?« Er starrt sie an, als hätte sie gerade die Auszeichnung *Schlechteste Mutter aller Zeiten* erhalten.

Mutter (matt): »Ich habe einfach keine Lust mehr, jeden Tag darum zu kämpfen.«

Vater (munter): »Ach was! Das muss man nur richtig anpacken.«

Falsch wäre es an dieser Stelle von der Mutter, sich in Selbstzerfleischung zu ergehen und mit Vorwürfen zu martern, warum sie es nicht schafft, die Kinder in den Jahreszeiten und Anlässen entsprechende Klamotten zu stecken.

Richtig ist folgende Antwort: »Dann zeig mir mal, wie das geht.«

Was nun folgt, nennen Wissenschaftler *Pädagogischen Realitätsschock.*

Beispiel:

Vater (ruhig, aber bestimmt): »Leon, herkommen.«

Leon sitzt in seinem Zimmer und reagiert nicht.

Vater (streng): »LEON!«

Keine Reaktion. Vater geht in Leons Zimmer. Leon sitzt auf seinem Bett und guckt sich das Buch an, das er zum fünften Geburtstag geschenkt bekommen hat. Er trägt blaue Shorts und ein verwaschenes T-Shirt.

»Leon, hörst du nicht?«

Leon blickt verwirrt von seinem Buch auf. »Was ist denn, Papa?«

Vater (ruhige Kommandostimme): »Zieh dir was anderes an. Es ist zu kalt für kurze Hosen.«

»Mir ist nicht kalt.«

»Aber es *ist* heute kalt draußen.«

»Mir nicht.«

Leon liest weiter.

Vater (nachdrücklich): »Du ziehst jetzt was anderes an, sonst...«, kurze Pause, »... kommst du nicht mit zu Oma.«

»Okay«, sagt Leon. »Kann ich dann einen Film gucken, bis ihr wieder da seid?«

Vater (verwirrt): »Äh, nein. Natürlich nicht.« Vater überlegt einen Moment. Dann, streng: »Aber du tust jetzt, was ich dir sage.«

Leon: »Was hast du denn gesagt?«

»Du sollst dir was anderes anziehen!«

»Nöö.«

Vater (lauter): »Du ziehst was anderes an, wenn wir zu Oma gehen, basta!«

Leon (ruft): »Ich komm nicht mit!«

Vater (schreit): »Natürlich kommst du mit!«

Leon (brüllt): »Du hast doch eben selbst gesagt, dass ich nicht mitzukommen brauche!«

In diesem Moment wird dem Vater klar, dass die Klamotten-erziehung bei weitem leichter *aussieht*, als sie es ist. Wenn er mit seinem ersten Versuch scheitert, wird die Phase der *Pädagogischen Sprunghaftigkeit* eingeleitet, in der pädago-gische Leitsätze innerhalb kürzester Zeit von »Du tust jetzt sofort, was ich dir sage!« zu »Ach, macht doch alle, was ihr wollt!« abgeändert werden.

In der Regel teilt sich die Phase der Pädagogischen Sprung-haftigkeit in sechs Stufen:

Stufe 1: Ein letzter Versuch der vernünftigen Argumentation

Auf Stufe 1 atmet der Vater tief durch, unterdrückt die aufsteigende Wut, ignoriert das Schmunzeln seiner Partnerin und versucht noch einmal, mit rationalen Argumenten sein Kind davon zu überzeugen, dass es absolut Sinn macht, auf ihn zu hören, weil er die Sachen ja nicht zum Spaß sagt oder um das Kind zu ärgern, sondern weil alles einen Grund hat und er ja nur sein Bestes will. Das überzeugt ein störrisches Kind in der Regel nicht.

Ist der Vater von eher ruhigem Temperament, wird er noch einen kurzen Abstecher zu Stufe 1a machen, bevor es weitergeht mit der deutlich offensiveren Stufe 2.

Stufe 1a: Die *Wir*-hatten-nur-drei-Fernsehsender-Predigt

Auch Stufe 1a ist noch von rationalem Denken geprägt. Hier versucht der Vater mit einer schillernden Variante der »Ihr wisst ja gar nicht, wie gut ihr es habt«-Rede sein Kind zur Einsicht zu bewegen. Dabei wird vor allem auf die rasante technische Entwicklung Bezug genommen, die es dem Vater in seiner erbärmlichen Kindheit nur erlaubte, von dem Familientelefon ohne Anrufbeantworter zu telefonieren und lediglich einmal in der Woche *Wickie* im Fernsehen zu sehen und vielleicht sonntags noch *Bonanza*. Er wird die grausame Computerlosigkeit seiner analogen Jugend herzzerreißend veranschaulichen und natürlich aufzählen, wie spärlich sein Kinderzimmer mit Spielzeug ausgestattet war im Vergleich zum Überfluss, der jetzt in den Kinderzimmern herrscht, was die Kinder von heute nicht zu schätzen wissen.

Stufe 1a ist statistisch erwiesen pädagogisch völlig nutzlos und dient nur dazu, dass der Vater sich innerlich wappnen kann für Stufe 2.

Stufe 2: Der Strafen- und Drohungen-Hagel

Da jeder Vorstoß in Richtung Vernunft beim Kind auf taube Ohren gestoßen ist, werden jetzt andere Saiten aufgezogen. Das Verhalten hat Konsequenzen! Bei Stufe 2 wird das Kind plötzlich zum »Freundchen« oder »Frollein«, um auch sprachlich Distanz aufzubauen, die es dem Vater ermöglicht, hart mit dem Kind ins Gericht zu gehen. Jetzt wird er ein Verbot nach dem nächsten aussprechen, bis er irgendwann selbst den Überblick verloren hat. Von Fernsehverbot (Leon: »Mir doch egal.«) über Süßigkeitenverbot (Leon: »Ich hab aber noch total viel von Karneval, ätsch!«) bis hin zum Entzug des Lieblingsspielzeugs (Leon: »Damit spiel ich eh nicht mehr!«).

Sind alle Sanktionsmöglichkeiten erschöpft, wird der Katalog der Drohungen ausgebreitet. Gerne genommen wird dabei das Ausmalen von fürchterlichen Folgen für das Kind, zum Beispiel:

a) »Wenn du nicht endlich aufräumst, mache ich *nie* mehr was für dich, und wenn du noch so sehr darum bittest!«

b) »Wenn du den Fahrradhelm nicht anziehst, fällst du auf den Kopf und brichst dir den Schädel, und dann sitzt du für den Rest deines Lebens im Rollstuhl!«

c) »Leon, wenn du dich nicht wärmer anziehst, wirst du ganz krank und kannst nicht mehr Fußball spielen.«
   »Na und?«

»Und dann lachen dich alle Kinder aus, und dann wirst du sehen, was Mobbing bedeutet, und glaub ja nicht, dass ich dir dann helfe.«

»Papa, was ist Mobbing?«

»Das wirst du dann schon merken.«

»Ist das ein böses Wort? So wie Arschnase? Oder Pimmel?«

Je nach Dickköpfigkeit des Kindes erreichen die Blutdruckwerte des Vaters ungesunde Ausmaße, und er beschließt, auf eine andere Taktik umzusatteln.

Stufe 3: Die Bestechungsphase

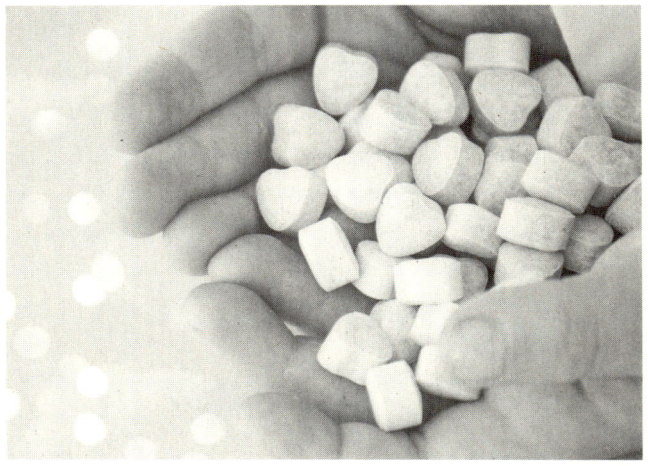

In der Bestechungsphase werden dem Kind allerhand materialistische Gegenleistungen für die Befolgung von Anweisungen geboten, von unbegrenztem Süßigkeiten- oder Fernsehkonsum bis hin zum Kauf von gewünschten Spielwaren. Falls sich das Kind in dieser Phase noch nicht in den unumkehrbaren Sphären des totalen Trotzes befindet, lässt es sich in der Regel angesichts der versprochenen Prämien plötzlich bereitwillig darauf ein, sich etwas anderes anzuziehen/die Zähne zu putzen/aufzuräumen oder sonstige ungeliebte Tätigkeiten auszuführen. Gelingt dem Vater dies, wird er es als Triumph bewerten und seiner Partnerin voller Genugtuung gegenübertreten, auch wenn es ihn einen schlappen Fuffi kostet.

Ist das Kind allerdings so gierig, dass es den Hals nicht vollkriegt, oder bereits völlig entnervt von dem ganzen Hin und Her, kann es sein, dass es weiterhin darauf beharrt, seinen Willen durchzusetzen. Das ist der Moment für Stufe 4.

Stufe 4: Resignation

Bei Stufe 4 weiß der Vater, dass er verloren hat. Und es für ihn nur noch eine Möglichkeit gibt: die Kapitulation. Die aber bedeutet nicht, dass er friedlich beigibt. Im Gegenteil. Statistisch erwiesen fallen in Stufe 4, die meisten Schimpfwörter, von »Weißt du was? Ist mir scheißegal, was du machst!« bis zu »Ich habe die Schnauze voll von diesem ganzen verfluchten Mist!«.

Das ist dann auch das Schlusswort des Vaters in dieser Angelegenheit. Die Partnerin tut gut daran, sich nicht einzumischen, da die Wut sich dann augenblicklich auf sie überträgt. Wobei sie das sowieso tut. Denn jetzt wird der Vater Stufe 5 zünden.

Stufe 5: Übertragung der Aufgabe an die Partnerin

Auch bei Stufe 5 kann der Vater, gekränkt von der Niederlage und erschöpft von der zähen Auseinandersetzung, nicht eingestehen, dass er verloren hat. Egal, was die Partnerin dazu äußert oder nicht, er schiebt die Schuld für die Situation auf sie und faucht sie an: »Dann mach du es doch, wenn du es so viel besser kannst.« Wobei der Partnerin sowieso nichts anderes übrigbleibt, denn der Vater erklärt seinen Anteil an der Erziehungsarbeit für die nächste Zeit als beendet und verdünnisiert sich schnellstmöglich.

Immerhin führt das Durchexerzieren aller Stufen der Pädagogischen Sprunghaftigkeit dazu, dass sich der Mann in Zukunft vermutlich eher zurückhalten wird, bevor er der Frau Belehrungen in Sachen Erziehung zuteilwerden lässt. Im günstigsten Fall raufen sich die Eltern zusammen und beschließen, dass sie nur mit vereinten Kräften etwas gegen ihr halsstarriges Kind ausrichten können. Und dass es am besten ist, eine gemeinsame Strategie zu entwickeln, die Vater und Mutter in Ruhe und aller Konsequenz durchsetzen. Denn wenn man an einem Strang zieht, klappt es oft auf einmal überraschend gut mit den Kindern. Und wenn nicht, dann hat man wenigstens keinen Grund, sich gegenseitig Vorwürfe zu machen, und kann selbst nach einer verlorenen Schlacht auf dem Feld der Pädagogik eine Flasche Sekt köpfen und das Leben genießen.

Und wenn Leon dann irgendwann in Jeans und Hemd verwundert hereinkommt und quengelt: »Wann fahren wir denn endlich zu Oma?«, dann kann man locker antworten:

»Heute nicht mehr, Leon. Mama und ich haben es uns jetzt gemütlich gemacht. Geh spielen!«. Dann steckt man auch Leons »Ihr seid sooo gemein. Das ist total unfair!« locker weg.

Sohnspezifische Homophobie, die

Völlig unabhängig von der Toleranz eines Mannes gegenüber den Lebensentwürfen anderer Menschen leiden nicht wenige Väter unter der Panik, ihr Sohn könnte schwul werden. Das nennt man Sohnspezifische Homophobie. Diese bringt Väter dazu, jedes Verhalten und jedes Interesse ihres Sohnes unter dem Aspekt seiner vermeintlichen zukünftigen sexuellen Orientierung zu betrachten. Dem Sohnemann gefällt Rosa, Lila oder Pink? Er will reiten lernen? Er hört gerne Musicals? Sofort schrillen beim Vater die Alarmglocken! Und er wird versuchen, den Sohn als möglichst maskulines Vorbild auf den rechten Weg zurückzuführen, was natürlich Quatsch ist, da es erstens keinen rechten Weg gibt und zweitens noch keine sexuelle Neigung durch das Hören von Heavy Metal oder das Anmelden im Boxverein beeinflusst worden ist. Falls der Sohnemann sich dann trotz Vorliebe für klassische Musik oder Pferde als Hetero entpuppt, klopft sich der Betroffene gerne selbst auf die Schulter und beglückwünscht sich, dass doch noch alles gutgegangen ist und er von seinem Sohn sagen kann: »Ein ganzer Kerl, dank Papi!«

Spaßvatersyndrom, das

Einen Mann, der seine Kinder zu jeder Zeit mit Scherzen, Tobe-
reien und Quatschmachen belustigt, nennt man Spaßvater.
Wesentliches Merkmal des Spaßvatersyndroms ist, dass der Betroffene besonders in der Öffentlichkeit alle Register zieht, um
sich als lustigsten Papa der Welt zu präsentieren. Den Spaßvater
identifiziert man sofort an folgenden Symptomen:

a) lautstarkes Reden von Blödsinn,

b) abnormes Bewegungsmuster (Rennen, Schleichen, Kriechen,
   Galoppieren, Robben, Hüpfen, Balancieren – nur niemals normales Gehen),

c) an ihm klebt immer ein Kind (auf den Schultern, huckepack,
   über dem Arm),

d) er lässt sich von keinem Witterungszustand abhalten, mit den
   Kindern draußen zu toben.

In seiner Extremform hält der Spaßvater es auch für angebracht, sich mit den Kindern zu verbünden und die Mutter als Spielverderberin dastehen zu lassen, wenn sie zum Beenden des Spiels mahnt oder darauf hinweist, dass es vielleicht keine so gute Idee ist, mit Sandalen im Schlamm zu waten.

Das Spaßvatersyndrom ist eine sehr anstrengende Krankheit – für die Umgebung wie auch für den Betroffenen selbst. Sie führt dazu, dass auf die Phasen des wilden Spiels Phasen von großer Erschöpfung folgen, in denen der Betroffene definitiv zu erledigt ist, das völlig verdreckte Kind zu waschen oder ihm ein nahrhaftes Essen zuzubereiten.

Spuck-Schrei-Stink-Überforderung, die

Die Spuck-Schrei-Stink-Überforderung setzt in der Regel ganz plötzlich ein, wenn nämlich das süße, lächelnde Baby seine Umgebung urplötzlich lautstark mit seinen vielfältigen Bedürfnissen traktiert, was nicht selten mit Absonderungen aus verschiedenen Körperöffnungen einhergeht. Viele Väter geraten angesichts des brüllenden Kindes in einen Zustand der Panik, wie es sonst nur eine entsicherte Handgranate könnte. Das Geschrei des Kindes strapaziert ihre Nerven bis zum Äußersten und lässt die Angst, etwas falsch zu machen, ins Unermessliche steigen.

In dieser Situation kennen viele Väter nur eine Lösung: das Kind so schnell wie möglich loszuwerden, vorzugsweise in die Hände der Mutter. Viele Mütter begünstigen die Spuck-Schrei-Stink-Überforderung noch, indem sie ihm tatsächlich das Baby abnehmen, anstatt ihrem Partner Mut zuzureden und ihm zu

versichern, dass es sich eben nicht um eine entsicherte Handgranate handelt, sondern nur um ein schreiendes Baby. Ihr Baby.
Spürt ein Betroffener, dass seine Partnerin ihm vertraut, gewinnt
er sein Selbstvertrauen und die Zuversicht zurück, aus dem
spuckenden, schreienden, stinkenden Monster ganz schnell wieder ein süßes, lächelndes Baby zu machen.

Tochterspezifische Partnerwahl-Unzufriedenheit, die

Bei der Tochterspezifischen Partnerwahl-Unzufriedenheit ist der Vater mit keinem Freund seiner Tochter einverstanden, egal, wie nett, gutaussehend, gebildet und anständig er auch ist. Die Unzufriedenheit äußert sich in verschiedenen Verhaltensmerkwürdigkeiten, vom offensiven Schlechtmachen des Jungen vor der Tochter bis zum Dauernölen hinter ihrem Rücken und den verzweifelten Versuchen, seine Partnerin zu bewegen, der Sache doch ein Ende zu machen. Im Extremfall wird der Betroffene auch dem Freund der Tochter die Hölle heiß machen, was unter Umständen den Grundstein für eine jahrzehntelange Familienfehde legen kann. Besonders eklatant ist die Tochterspezifische Partnerwahl-Unzufriedenheit zu Beginn der Beziehungstestphase der Tochter im Teenageralter, wenn der erste Freund angeschleppt wird. Und am Ende der Beziehungstestphase, wenn zum ersten Mal das Wort »Zusammenziehen« oder »Heiraten« fällt.

Das einzige wirksame Gegenmittel gegen die Tochterspezifische Partnerwahl-Unzufriedenheit ist gutes Zureden durch die Partnerin. Wenn das nicht reicht, hilft nur noch, dass seine Partnerin ihm eröffnet, dass ihr eigener Vater ihn selbst ebenfalls am liebsten auf den Mond geschossen hätte. Es besteht die gute Chance, den Betroffenen mit dieser Maßnahme zu kurieren.

Trappervater, der

Der Trappervater hat immer Taschenmesser, Kompass und Fernglas zur Hand und ist allzeit bereit, seinen Kindern zu demonstrieren, was für ein Abenteuer das Leben doch ist. Er buddelt mit ihnen Regenwürmer aus, geht auf Froschjagd und nötigt sie dazu, mit ihm unter freiem Himmel zu schlafen. Bratwürste in der Pfanne zuzubereiten, lehnt er natürlich ab, selbst für ein Grillrost zeigt er kein Verständnis, wo doch ein einfacher Stock ausreicht, auf den man die Wurst spießen und übers Feuer halten kann.

Der Trappervater ist eine sehr drollige Erscheinung und eine wohltuende Abwechslung zur Übermacht der computerfixierten Förderväter.

Unqualifizierte Erziehungseinmischung, die

Die Unqualifizierte Erziehungseinmischung setzt da ein, wo der Mann von der Arbeit nach Hause kommt, völlig ahnungslos bezüglich der häuslichen Zustände an diesem Tag, er aber sofort anfängt, sich mit klugen Kommentaren einzumischen, die sich meistens darauf beziehen, der Partnerin zu erklären, was hier alles schiefläuft und was sie gerade falsch macht.

Beispiel:

Er kommt spät nach Hause, die Kinder essen schon zu Abend, und das Erste, was er zu seiner Partnerin sagt, ist: »Kannst du nicht mal darauf achten, dass die Kinder das Messer richtig halten?«

Da seine Partnerin aber genau das den Kindern schon gefühlte hundert Mal gesagt hat, ist sie natürlich nicht besonders erfreut über diese Maßregelung. Sollte der Vater sich nicht in einem klärenden Gespräch von seiner Unqualifizierten Erziehungseinmischung heilen lassen, sollte sie ihm vielleicht einmal für mindestens einen Tag konsequent die Erziehung überlassen und sich an
→ *Papis pädagogischen Finessen* erfreuen.

Väterlicher Fotowahnsinn, der

Beim Väterlichen Fotowahnsinn mutiert der Betroffene zum Paparazzo seiner eigenen Kinder. Ständig schleicht er mit der Kamera um den Nachwuchs herum, um jedes Gähnen, Lachen, verknautschte Gesicht, jedes süße Outfit, jedes Baden und jede motorisch erstaunliche Entwicklung sowie sämtliche andere Aktionen des Kindes wie auch alle Aktionen von Freunden/Familienmitgliedern *mit* dem Kind für die Ewigkeit festzuhalten.

Bei Männern mit entsprechender Vorerkrankung (*Megapixelmanie*, siehe Dietz, *Männerkrankheiten*, Berlin 2012) setzt der Väterliche Fotowahnsinn mit dem Tag der Geburt ein, bei anderen kann sich diese Krankheit im Laufe der ersten Lebensmonate entwickeln. Ist der Väterliche Fotowahnsinn erst einmal voll ausgebrochen, gibt es kein Entrinnen mehr. Die Kinder können keine Minute toben und rennen oder in Ruhe ihr Eis schlecken, ständig funkt der Betroffene dazwischen und zwingt sie zum Innehalten, um einen Schnappschuss zu machen. Der Väterliche Fotowahnsinn ist natürlich ganz bezaubernd, beweist er doch die Begeisterung des Vaters für sein Kind. Und für den Vater ist es auch total praktisch, immer die Kamera in Händen zu halten. Denn dann ist es ihm unmöglich, auch noch die Wickeltasche zu tragen oder etwa eine Windel zu wechseln.

Sich gegen den Väterlichen Fotowahnsinn zu wehren, ist für die Partnerin nicht leicht. Denn auf sein Argument »Du willst doch auch schöne Bilder von unserem Kind« lässt sich ärgerlicherweise nicht viel erwidern. Deswegen ertragen die meisten Partnerinnen den Fotowahnsinn zähneknirschend. Aber spätestens, wenn die Partnerin zum zehnten Geburtstag des Kindes die unglaublich süßen Bilder von dem gähnenden, lachenden, verknautschten, badenden Baby, von seinen ersten Schritten, seinem ersten Eis, vom Fahrradfahren, von der Einschulung und dem Auftritt mit der Theatergruppe, vom Zoobesuch und seinen Geburtstagsfeiern anschauen kann, ist sie wieder versöhnt und freut sich über die Unmengen an Erinnerungsfotos.

Vorgetäuschte Ahnungslosigkeits-erziehung, die

Bei der Vorgetäuschten Ahnungslosigkeitserziehung macht der Mann sich angebliche Inkompetenz zunutze, um unliebsame Jobs rund um die Kinderbetreuung an die Partnerin abzugeben.

Die Vorgetäuschte Ahnungslosigkeitserziehung wird bevorzugt mit einer Frage eingeleitet.

Beispiel:

Obwohl das Kind stinkt bis unter den Dachboden, hält er es seiner Partnerin hin und fragt: »Hier, guck mal, braucht Lisa nicht eine frische Windel?«

Oder:

»Wie hast du das noch mal gemacht mit dem Haarewaschen, so dass Max nicht brüllt wie am Spieß?«

In dieser Situation ist es für die Partnerin entscheidend, die Nerven und den Überblick zu behalten und sich ja nicht die Lösung des Problems aufzwängen zu lassen. Denn gerne verdünnisiert sich der Betroffene, sobald die Partnerin das Heft in die Hand genommen hat. Gegen die Vorgetäuschte Ahnungslosigkeitserziehung hilft nämlich nur, dem Betroffenen beratend zur Seite zu stehen, ihn aber ansonsten machen zu lassen.

Vorübergehende Aufsichtspflicht-vernachlässigung, die

Die Vorübergehende Aufsichtspflichtvernachlässigung ist eine typische Vätermacke, die in der Regel dann auftritt, wenn beide Eltern anwesend sind, zum Beispiel auf einer Feier/Veranstaltung/Stadtbummel oder ähnlichem. Es fängt damit an, dass der Betroffene explizit verspricht, auf das Kind aufzupassen, damit seine Partnerin in Ruhe essen/sich unterhalten/das Schaufenster angucken kann. Die Partnerin verlässt sich darauf und entspannt, um wenigstens für ein paar Minuten ihren eigenen Interessen nachzugehen.

Das Nächste, was sie sieht, ist ihr Kind, das fröhlich am Rand des Gartenteichs/neben dem Grill/an der höllisch steilen Kellertreppe/am Straßenrand spielt. Den Vater entdeckt sie beim Fußballspielen, in ein Gespräch oder in sein Smartphone vertieft. Oder überhaupt nicht, weil er gerade ein Bier holt oder mal eben kurz ins Geschäft gegangen ist, um sich nach den besten Ködern fürs Hochseefischen zu erkundigen. Wenn die Partnerin den Betroffenen dann zur Rede stellt, behauptet der, er hätte doch aufgepasst, es sei ja schließlich nichts passiert. Natürlich nicht. Denn seine Partnerin war ja zur Stelle. Mal wieder.

Vinylismus, der

Auch genannt *Schallplattenbesessenheit*.

Die Welt des Mannes mit Vinylismus dreht sich mit 33 ⅓ Umdrehungen pro Minute. Der Vinylist ist der Überzeugung, dass Musik von jedem anderen Tonträger als der Schallplatte der letzte Dreck sei und das Anhören von diesem digitalen Mist eine Zumutung, womit die stichhaltigen Argumente für die Vorteile der Schallplatte auch schon so gut wie aufgebraucht sind. Der Vinylismus ist nämlich eine rein emotionale Angelegenheit, bei dem es dem Betroffenen ungeahnte Glücksgefühle beschert, eine Platte auf den Teller zu legen, die Nadel aufzusetzen, das leichte Kratzen zu genießen und sich beim Anblick der rotierenden Scheibe zu beruhigen.

Der ganze Stolz des Vinylisten ist natürlich seine Plattensammlung, die er hegt und pflegt und mindestens einmal

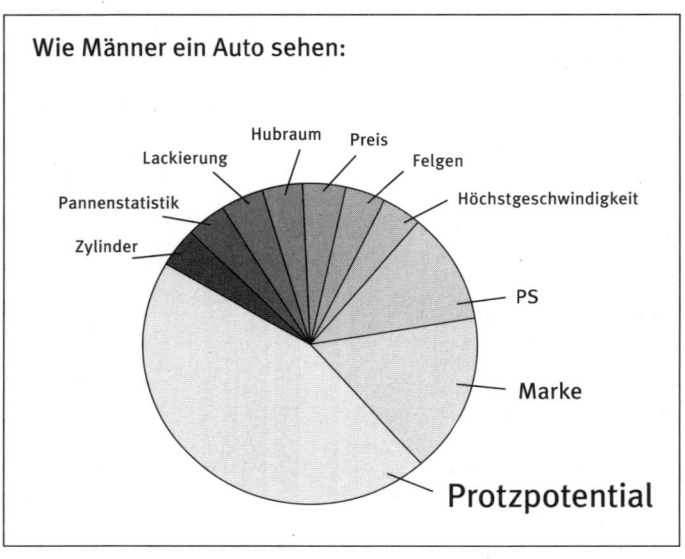

Wie Männer ein Auto sehen:

- Hubraum
- Preis
- Lackierung
- Felgen
- Pannenstatistik
- Höchstgeschwindigkeit
- Zylinder
- PS
- Marke
- Protzpotential

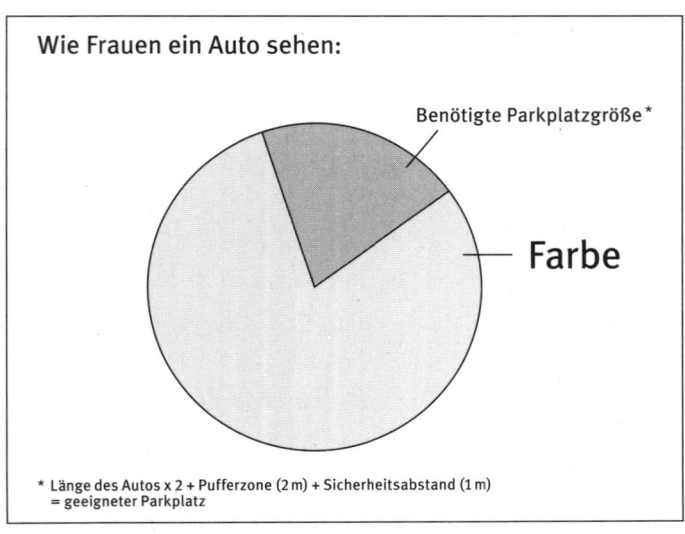

Wie Frauen ein Auto sehen:

Benötigte Parkplatzgröße *

Farbe

* Länge des Autos x 2 + Pufferzone (2 m) + Sicherheitsabstand (1 m)
  = geeigneter Parkplatz

im Jahr umsortiert, wobei es für die Art des Sortierens diverse Möglichkeiten gibt, von alphabetisch über musikhistorisch bis stimmungsabhängig, und noch ein paar andere, völlig absurde und nur für Vinylisten nachvollziehbare Methoden.

Solange der Betroffene nicht seine ganze Freizeit mit seiner Plattensammlung oder im Plattenladen verbringt, ist der Vinylismus eine durchaus erträgliche kleine Marotte, die je nach Ausprägung sogar einen gewissen Charme versprühen kann. Schließlich trifft man selten auf Männer mit Stil. Ist der Vinylist allerdings gleichzeitig von → *Musiksnobismus* betroffen, kann es gut sein, dass er einem mit seinem Getue sehr schnell auf die Nerven geht.

Vorgetäuschte Coolness, die

Bei der Vorgetäuschten Coolness versucht der Betroffene krampfhaft, sich das Image eines abgebrühten, mit allen Wassern gewaschenen Mannes zu geben, dem jede Gefühlsregung fremd ist und der auch noch angesichts eines wütenden Grizzlys die Nerven behält. Die Vorgetäuschte Coolness kann Männer jeden Alters treffen.

Im jugendlichen Alter bemüht sich der Betroffene von Vorgetäuschter Coolness, sich durch nichts und niemanden in Erstaunen versetzen zu lassen. Wenn jemand eine wilde Story erzählt, zeigt er mit keiner Miene Verwunderung, merkt sich aber die Geschichte genau, um später selbst damit zu prahlen. Er verpasst lieber den Bus, als ihm hinterherzusprinten, kriegt dann aber rote Ohren, wenn sein Chef ihm was wegen der Verspätung hustet. Er würde nie als Erster ein Mädchen anrufen, es könnte ja sein, dass sie denkt, dass er sie mag. Aber natürlich hofft er klammheimlich jeden Tag, sie würde sich melden, und wenn sie es nicht tut, ärgert er sich, dass er sich nicht getraut hat. Seine Lederjacke behält er immer an, weil sie ihm breite Schultern verleiht. Auch beim Tanzen und wenn plötzlich die Sonne scheint. Da schwitzt er lieber wie ein Schneemann in der Sahara, als sie auszuziehen.

Auch im fortgeschrittenen Alter bleibt die Vorgetäuschte Coolness wahnsinnig anstrengend, weil der Betroffene einfach nicht so kann, wie er eigentlich will. Immer noch darf er keiner Frau hinterherrennen, er muss seine Rührung verbergen, wenn ihm die Romantikschmonzette Tränen in die Augen treibt, und darf sich vor keiner noch so idiotischen sportlichen Herausforderung durch Kumpels und Kollegen drücken. Und noch etwas später, in einem Alter, in dem der Dreitagebart verräterische Weißanteile enthält und der Betroffene ein paar Tage braucht, um die Folgen eines richtigen Männerabends zu verarbeiten, kann er nicht zugeben, dass er eigentlich zu müde ist, um noch jeden Tag auf die Piste zu gehen.

Bevor es so weit kommt, liebe Männer, lasst euch eines sagen: Coolness wird total überbewertet. Eigentlich ist Uncool das neue Cool. Was aber nicht heißt, dass ihr Pullunder tragen dürft! Oder Socken in Sandalen. Mit dem Rest kommen wir klar. Ihr müsst nur das Uncoole cool rüberbringen, dann ist die Sache geritzt.

Vorgetäuschtes Expertentum, das

Das Vorgetäuschte Expertentum betrifft viele Männer, die besonders bei vermeintlich männerspezifischen Tätigkeiten keine Schwäche eingestehen wollen und behaupten, natürlich eine Lampe anbringen oder die Kreissäge bedienen zu können. Aber schon in dem Moment, in dem der Betroffene vergisst, die Sicherung herauszunehmen beziehungsweise die Schutzhandschuhe überzustreifen, merkt frau: Stimmt gar nicht. Er will nur nicht zugeben, dass er etwas nicht kann!

Zur Erhaltung einerseits der Gesundheit und andererseits des Selbstwertgefühls des Mannes ist jetzt umsichtiges Vorgehen von Seiten der Partnerin erforderlich, die den Mann mit einem vorgeschobenen Auftrag (»Wir brauchen ganz dringend *jetzt* noch eine Tüte Milch, könntest du die schnell holen?«) entlassen und lieber einen Handwerker anrufen sollte. Oder es eben selbst macht.

Verbummelungsverdrossenheit, die

Auch genannt *Unzulässige Fahndungsverpflichtung*.

Bei der Verbummelungsverdrossenheit findet der Mann mal wieder eine seiner Sachen nicht, aber anstatt selbst danach zu suchen, überträgt er die Verantwortung für die Fahndung lieber auf andere Familienmitglieder, indem er ihnen vorwirft, sie hätten etwas mit dem Verschwinden zu tun. Da überrascht er dann vornehmlich die Partnerin mit Fragen wie: »Warum hast du meine Sporthose weggeräumt?« oder »Wo hast du schon wieder meinen Lötkolben versteckt?«

So konfrontiert, sind Familienmitglieder und besonders die Partnerin natürlich sofort damit beschäftigt, sich zu rechtfertigen und zu beschwören, man habe die Sachen überhaupt nicht in der Hand gehabt. Der Betroffene von Verbummelungsverdrossenheit aber wird so überzeugend auf seiner Meinung beharren, dass die Partnerin tatsächlich ins Grübeln kommt, ob es nicht doch sein könnte, dass sie das Verschwinden verursacht hat. Und dann sucht sie wieder nach seinem Kram, den er irgendwo hingeschlampt hat oder der am Ende dort auftaucht, wo er auch hätte sein müssen, wo der Mann aber natürlich versäumt hat, nachzusehen.

Falls die Frau sich weigert, dem Mann bei seiner Suche zu helfen, kann es sein, dass er mit prätentiöser Pampigkeit anfängt, alles zu durchwühlen und damit mehr Schaden anzurichten als eine Wühlmaus im Kartoffelbeet.

Siehe → *Wühlmaussyndrom*.

Waschbärensyndrom, das

Beim Waschbärensyndrom geht jedwede Nahrungsaufnahme des Mannes einher mit einem gewissen Maß an Verwüstung. Schlampig aufgerissene Verpackungen, die man trotz Frischepackdeckel nicht mehr verschließen kann, Krümelberge auf dem Boden, dreckiges Besteck auf der Tischdecke, zerrupfte Traubenrispen, angebissene Äpfel, Zuckerkrümel oder Salzkörner überall …

Der vom Waschbärensyndrom Betroffene vergisst unter einer Hungerattacke jegliche Umsicht und ackert sich durch die Nahrungsbestände wie ein Waschbär durch die Mülltonne. Danach ist er so satt und schläfrig, dass er natürlich nicht mehr zum Aufräumen kommt. Hört er auch nach mehrmaliger Ermahnung mit diesem unmöglichen Verhalten nicht auf, sollte die Partnerin ernsthaft darüber nachdenken, den Partner zeitweilig im Wald auszusetzen. Vielleicht kommt er dann auf den Trichter, dass es günstiger ist, sich zivilisiert zu benehmen.

Wäschesorglosigkeit, die

Einen Mann mit Wäschesorglosigkeit sollte man besser nicht in die Nähe einer Waschmaschine lassen – jedenfalls nicht mit dem eigenen Lieblingspullover. Der Betroffene stopft nämlich sämtliche Kleidungsstücke einfach so in die Trommel – ob Rot mit Weiß, Kaschmir mit Baumwolle, Jeans mit Hemden oder Strickpullover mit Handtüchern.

Echte Wäschesorglosigkeit lässt sich auch nicht von eingelaufenen oder verfärbten Klamotten heilen, denn dann wird der Betroffene einfach sagen: »Ach, in Rosa ist das Hemd doch auch ganz schick.« Oder »Dann kauf ich mir eben neue Sachen.«

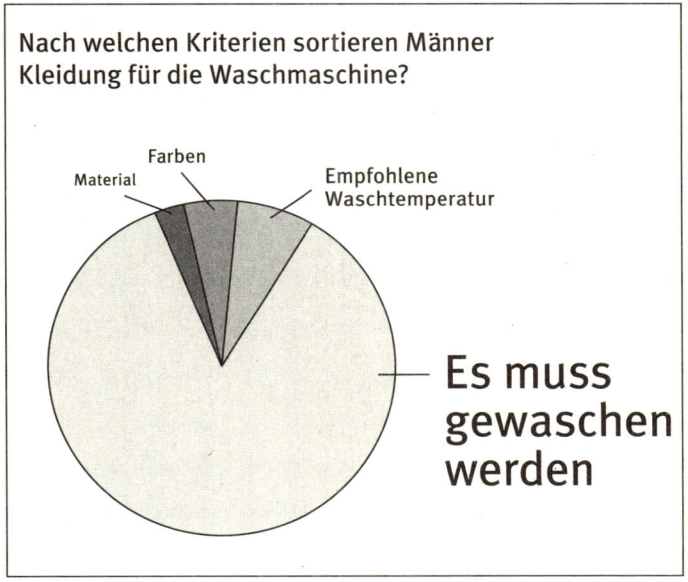

Nach welchen Kriterien sortieren Männer Kleidung für die Waschmaschine?

Material

Farben

Empfohlene Waschtemperatur

Es muss gewaschen werden

Weinglasrandabszess, der

Ein Weinglasrandabszess ist da zu diagnostizieren, wo der Mann es schafft, den Rand seines Weinglases so absurd zu besudeln, als trüge er einen billigen Lippenstift. Nur, dass es bei ihm noch einen Tick unappetitlicher ist, weil der schmierige Film aus Essensrestepartikeln besteht. Die Ursache dafür ist komplett unerforscht, nur den Zusammenhang mit der *Serviettenphobie* (siehe auch Dietz, *Männerkrankheiten*, Berlin 2012) konnten Wissenschaftler bisher eindeutig herstellen.

Wettmanie, die

Bei der Wettmanie liebt der Mann es, aus jeder strittigen Frage und jedem sportlichen Einsatz eine Wette zu machen. Solange es um einen Disput geht wie »Wer war der Regisseur von *Der Pate III*?« (ja, das war tatsächlich auch Francis Ford Coppola), ist die Wettmanie vielleicht zuweilen etwas nervig, aber eigentlich ganz niedlich und unterhaltsam. Man könnte meinen, dass ein Hang zur Besserwisserei dahintersteckt, aber viel eher ist es das typische Bedürfnis eines Spielkinds, dem schnell langweilig wird und das für alles und jedes einen Anreiz braucht, um die Motivation aufrechtzuerhalten.

Für die Nerven der Partnerin sind Wettangebote wie »Wetten, dass ich das Brötchen ganz in den Mund stecken kann?« oder »Wetten, dass ich in einer Minute den Ball hundert Mal titschen lassen kann?« zwar etwas strapaziös, aber immer noch harmlos. Sobald es aber um haltlose Mutproben (»Wetten, dass ich über das Brückengeländer balancieren kann?«) oder den unsachgemäßen Konsum gesundheitsbedenklicher Substanzen geht (Strohrum, Tollkirschen, Goldfische), wird die Wettmanie bedenklich.

Ebenfalls ist es ein ernstzunehmendes Warnzeichen, wenn der Betroffene anfängt, bei jedem Gesellschaftsspiel einen Wetteinsatz in Form von Geld zu fordern. Sobald er dazu übergeht, seinen Kindern das Taschengeld beim Mau-Mau abzuzocken, könnte eine klitzekleine Neigung zur Spielsucht dahinterstecken. Auch wenn der

Betroffene Dauergast auf den Internetseiten von Sport-
wettenanbietern ist und erwägt, seinen Job zu kündigen,
um das Wetten auf Sportergebnisse professionell zu betreiben, sollte die Partnerin einschreiten.

Absolute Alarmstufe Rot besteht, wenn der Betroffene
die Partnerin fragt: »Wetten, dass ich mich traue, unser
gesamtes Erspartes auf Holy Shit im ersten Rennen zu
setzen?«

Spätestens jetzt sollte er eine gute Antwort auf die
Frage der Partnerin »Wetten, dass du es nicht schaffst,
mit dem Quatsch aufzuhören?« haben. Die Einweisung
in eine Suchtklinik wäre sonst der nächste logische
Schritt.

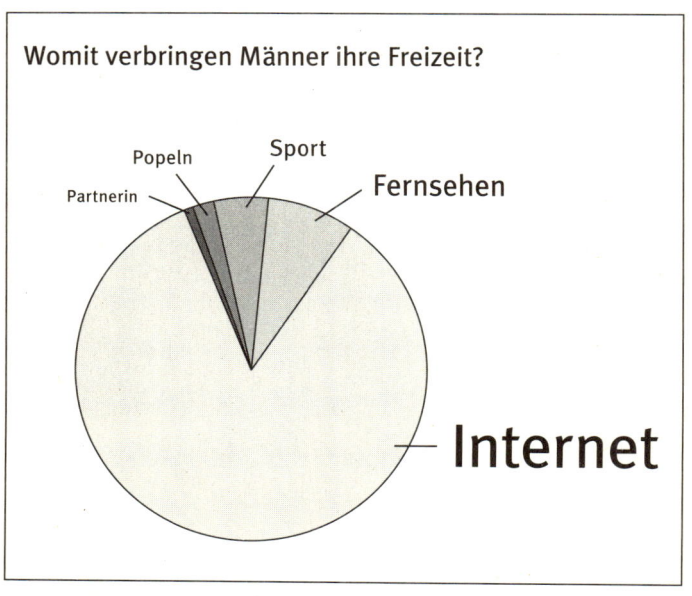

193

Whiskyangeberei, die

Die Whiskyangeberei ist eine sehr simple Männermacke, die darin besteht, seine Vorliebe für, sein Wissen über und seine Fahne von dem Getreidedestillat ungehindert in die Welt hinauszuposaunen. Dabei ist es egal, welchem Lager ein Whiskyangeber angehört, dem amerikanischen Bourbon-Lager oder der Scotch-Fraktion, die auf Hochprozentiges aus Schottland schwört. Das Tolle an der Whiskyangeberei ist, dass es so viele Unterschiede in den einzelnen Erzeugnissen gibt, dass einem Laien schnell schwindlig wird, und dafür muss er noch nicht einmal zu tief ins Glas geschaut haben.

So mancher Whiskyangeber kann sich stundenlang darüber auslassen, wie man bloß Bourbon für Whisky halten kann und wieso man seinen Single Malt auf keinen Fall aus einem Whiskyglas trinken sollte, sondern natürlich aus einem Nosingglas! Andere Betroffene schaffen es, einem über die Unterschiede zwischen Tennessee-Whiskey und Bourbon ein Ohr abzukauen. Im Fall eines Whisky-aus-Genuss-Trinkers schluckt der Betroffene jeden Tropfen mit Bedacht und hält auch gerne Ansprachen über das richtige Trinken von Whisky (Zimmertemperatur!) und warum Eis darin zu den Todsünden gehört.

Mancher dieser Whiskyangeber hat neben seiner Sammlung von Single Malts, von denen mindestens ein Drittel unaussprechliche Namen aufweist, auch immer einen Krug schottisches Hochlandquellwasser im Haus, von dem er tropfenweise etwas unter seinen Drink mischt. Wieder andere Betroffene nutzen ihre Macke, um sich zu fühlen wie Charles Bukowski, und schütten den Whisky gleich gallonenweise in sich hinein.

Natürlich kann sich die unbedarfte Zuschauerin fragen, warum gerade der Whisky so eine Faszination auf Männer ausübt und nicht, sagen wir mal, der Eierlikör. Das ist klar: Whisky ist anerkanntermaßen das männlichste aller Getränke. Und je mehr Whisky in und um einen Mann herum, desto maskuliner. Fühlt er sich.

Wühlmaussyndrom, das

Auch genannt *Ich-finde-nichts-Krankheit*.

Ein Wühlmaussyndrom liegt da vor, wo sich der Mann beim Suchen nach bestimmten Dingen derart rücksichtslos durch Schubladen, Schränke und Regale wühlt, dass nachher keine zwei Socken mehr zusammen sind und das Unterste zuoberst liegt. Das Wühlmaussyndrom ist dem Komplex der *Häuslichen Orientierungslosigkeit* zuzuordnen (siehe auch: Dietz *Männerkrankheiten*, Berlin 2012). Mit diesem pathologischen Verhalten demonstriert der Mann nämlich, dass er, selbst wenn er den Aufenthaltsort für eine Sache exakt genannt bekommen hat (in der Regel von seiner Partnerin), nicht in der Lage ist, sie zu finden.

Und dass seine Partnerin die Suche doch bitte schön am besten gleich für ihn übernehmen sollte, wenn sie nicht anschließend doppelt so viel Zeit damit verschwenden möchte, hinter ihm herzuräumen.

Zärtlichkeitsresistenz, die

Bei der Zärtlichkeitsresistenz ist es dem Mann nahezu unmöglich, mit seiner Partnerin Zärtlichkeiten in Form von Umarmungen, Händchenhalten oder gar Küssen auszutauschen. Bei leichteren Fällen beschränkt sich die Zärtlichkeitsresistenz auf gemeinsame Auftritte in der Öffentlichkeit, bei denen der Mann lieber distanziert agiert, von selbst niemals Körperkontakt herstellt und auch auf Übergriffe seiner Partnerin eher befremdet reagiert. In schweren Fällen ist der Mann aber auch zu Hause nicht darauf aus, seine Zuneigung durch zärtlichen Körperkontakt zu offenbaren. Kuscheln mag er einfach nicht. Das ist dann schlecht. Und eine der wenigen Männermacken, die wirklich nicht leicht auszuhalten ist für die Partnerin, da nützen auch Kuschelseminare und Kuschelpartys zum Ausgleich nichts.

Zahnpastatubengewaltausbrüche, die

Jeden Tag kommt es in Deutschland zu häuslicher Gewalt von Männern gegen Zahnpastatuben. Statistisch gesehen wird jede Sekunde eine Tube unsachgemäß zerquetscht (vorne) oder der Verschluss so fest zugedreht, dass die Partnerin ihn nicht mehr aufbekommt. Wegen der enormen Verbreitung dieser Manie werden in großen Städten mittlerweile Zahnpastatuben-Antiaggressionstrainings angeboten.

Zappel-Fummel-Trommel-Krankheit, die

Die Zappel-Fummel-Trommel-Krankheit ist eine Verhaltensauffälligkeit, bei der der Mann nicht ruhig sitzen kann, sondern neben der Unterhaltung oder dem Fernsehen immer irgendeine Zweitbeschäftigung verrichtet, die nichts – aufgemerkt! – mit einem Smartphone zu tun hat. Die Zappel-Fummel-Trommel-Krankheit ist Ausdruck einer inneren Unruhe, die den Betroffenen dazu zwingt, dauernd mit irgendwelchen Gegenständen herumzuhantieren. Dabei kommt es zu einer Vielzahl von Symptomen, die jedoch alle eins gemeinsam haben: Sie beschäftigen seine Hände und nerven die Anwesenden.

Kronkorken werden als Kreisel missbraucht oder einfach in die Handfläche gedrückt, um einen Stempelabdruck zu kreieren. An Bieretiketten knibbelt er so lange herum, bis nur noch Fetzen an der Flasche kleben, Kerzenränder knetet er, bis die Flamme erstickt ist. Die Einwegstäbchen vom chinesischen Essen benutzt er als Trommelstöcke und klopft auf Gläsern, Tellern oder der Tischkante herum. Streichhölzer oder Feuerzeuge sind natürlich für den Betroffenen ein gefundenes Fressen und unerschöpflicher Quell von weiteren nervtötenden Spielereien.

Es nützt übrigens gar nichts, derlei Gebrauchsgegenstände vom Tisch zu entfernen, denn der Mann mit Zappel-Fummel-Trommel-Krankheit ist äußerst kreativ. Er kann sich auch ausgiebig mit Tischdecken (Rand aufrollen, Naht aufribbeln), Gabeln (Streifenmuster in Soßenresten) und Gläsern (mit Finger über dem Rand zum Singen bringen) beschäftigen. Selbst am nackten Tisch wird er noch etwas finden, womit er herumfummeln kann — und wenn es seine Zehen sind.

Zitatismus, der

Beim Zitatismus ist der Betroffene beseelt von der Idee, nur oder zumindest überwiegend in Zitaten aus seiner persönlichen Sammlung an Kultfilmen oder Kultserien zu reden. Der Zitatismus ist dabei besonders verbreitet unter Fans von Science-Fiction-Werken wie *Star Trek* oder *Star Wars*. Aber auch *The Big Lebowski* und natürlich *Pulp Fiction* und überhaupt alle Filme von Quentin Tarantino haben eine sehr große Anhängerschaft, die dazu in der Lage ist, ganze Unterhaltungen mit Zitaten aus ihrem Lieblingsfilm zu bestreiten. Treffen mehrere Betroffene von Zitatismus aufeinander, reicht ein Wort aus einem ihrer Kultfilme aus, und schon werden ganze Dialoge abgespult.

Der Zitatismus ist in Maßen eine sehr humorvolle kleine Marotte. Solange der Betroffene nicht auch ernsthafte Gesprächsversuche sofort ins Drehbuch seiner Lieblingsserie abgleiten lässt.

Zuhörschwäche, die

Die Zuhörschwäche ist eine weitverbreitete Männermacke, bei der der Mann es nicht schafft, seiner Partnerin über ein mehrere Minuten andauerndes Intervall zuzuhören. Er wird nicken, er wird vielleicht sogar bestätigend »mmmhhh« machen, aber in Wirklichkeit passiert das Gesagte ungefiltert seinen Gehörgang, von einem Ohr zum anderen und wieder hinaus. Auffällig wird das erst, wenn sie ihn mit Inhalten aus ihrer Rede konfrontiert und zum Beispiel Nachfragen anstellt oder seine Meinung hören möchte. Dann wird er verwundert sagen: »Was hast du noch mal gesagt?«

Besonders ausgeprägt ist die Zuhörschwäche, wenn die Partnerin Gespräche mit Freundinnen wiedergibt oder ihm Anweisungen erteilt zu Dingen, die erledigt werden müssen. Sie erläutert ihm zum Beispiel lang und breit, wo er im Keller die Dosen mit dem Thunfisch findet. Endet sie mit ihrer Ausführung und schaut ihn erwartungsvoll an, staunt er wie ein Neugeborenes und fragt: »Was sollte ich noch mal holen?«

»Thunfisch.«

»Wo ist der noch mal?«

»Aarrrggg!«

Die einzige weibliche Stimme, der ein Betroffener ohne Aufmerksamkeitseinbußen länger als eine Minute zuhören kann, ist die Ansagerin des Navigationsgeräts. Was eventuell daran liegen könnte, dass sie nur sehr kurze Sätze in Befehlsform von sich gibt: »Biegen Sie rechts ab. Verlassen Sie den Kreisverkehr an der zweiten Ausfahrt.« Und daran, dass sie weder genervt stöhnt noch fragt: »Und was glaubst du, wie es *mir* dabei geht, wenn du mir nicht zuhörst?«

Register

Abbildungsverzeichnis

Hanna Dietz

Weiberwahnsinn

Schuhtick, Handtaschen-
zwang, Tränendrüsen-
überfunktion und weitere
Besonderheiten der Spezies
Frau

Taschenbuch.
Auch als E-Book erhältlich.
www.ullstein-buchverlage.de

Reden ist Silber, Schweigen ist blöd

Frauen sind eine wahnsinnig fabelhafte Spezies, in ihren Köpfen rattern To-do-Listen in Endlosschleife. Sie
leiden unter Honorarverhandlungsschwäche, Dekora-
tionsdelirium und Komplimenteunverträglichkeit. Und
schon die Auswahl eines Joghurts kann bei ihnen zu einem Entscheidungskrampf führen. Ohne diese kleinen
Besonderheiten wäre Frau aber auch ein erschreckend
perfektes Wesen – was jeder Mann bestätigen kann.

Hanna Dietz schreibt mit viel Wärme und einem Au-
genzwinkern über die wahnsinnig komische Spezies
Frau.

ullstein

Das starke Geschlecht ganz schwach

Hanna Dietz

MÄNNERKRANKHEITEN

Schmutzblindheit, Mitdenkschwäche, Einkaufsdemenz und weitere unheilbare Leiden unserer echten Kerle

ISBN 978-3-548-37412-3
www.ullstein-buchverlage.de

Der Mann ist die Krone der Schöpfung. Doch wer selbst ein Exemplar zu Hause hat, weiß längst: Männer leiden an den seltsamsten Krankheiten. Sie haben eine angeborene Gemüseintoleranz. Ihre chronische Haushaltsschwäche erwerben sie durch dauerhaftes Verwöhntwerden. Und mit ihrer Smartphonitis treiben sie ihre Partnerinnen in den Wahnsinn. Behandelbar sind die Männerkrankheiten leider nicht – aber sehr lustig.

US383